Joachim Wissler, dieser Mann hat ein klares Ziel. Er will auf dem Gipfel stehen. Ganz oben. Und das wird er erreichen. Darüber sind sich die meisten Kritiker einig. Ein berühmter Kollege, der Drei-Sterne-Koch Jean Claude Bourgueil sagte über Joachim Wissler: „Herr Wissler gehört zu den großen Nachwuchsköchen Europas und er kocht ohne Zweifel auf 3 Sterne hinaus".
Wissler kocht wie ein junger Gott. Im Fokus seiner Gerichte steht immer ein herausragendes Produkt, um dieses ist alles andere arrangiert. Und dieses Produkt muss für den Qualitätsfanatiker das beste sein, was er bekommen kann. Wissler prüft und testet, sucht den Austausch mit Produzenten, ja er arbeitet mit diesen gemeinsam an der Optimierung der Ware. Gemäß seinem Motto: „Jeder gute Unternehmer steckt den Großteil seiner Etats in die Forschung."
Jedes Gericht wird erst etliche Male Probe gekocht, bevor es würdig ist, dem Gast vorgesetzt zu werden.
Genau so habe ich ihn bei der Produktion dieses Buches erlebt. Jedes Motiv ist das Ergebnis harter Arbeit. Teilweise haben wir die Gerichte fünfmal fotografiert, bis wir zufrieden waren.
Es war eine besondere Erfahrung mit Joachim Wissler zusammenzuarbeiten – und es hat Spaß gemacht.

Thomas Ruhl

DUMONT
monte

Bedingungsloser Einsatz – Joachim Wissler und seine Mannschaft

Es ist nicht neu und klingt banal, macht die Sache aber nicht weniger wahr: Gastronomischer Erfolg ist nicht der Erfolg eines Solisten, sondern eines ganzen Teams, das zusammenarbeitet. Mit einem Kopf an der Spitze, das ist klar. Aber Tatsache bleibt: Nur wer gute Mitarbeiter für sich gewinnen kann, kann auch erfolgreich sein.

Und mit jedem Tag, der mehr Erfolg bringt, ist ein Höchstmaß an schier bedingungslosem Einsatz sowie Wille zu Perfektion und Hingabe von den oft noch sehr jungen Menschen in einem Beruf gefordert, der mit dem Wort und dessen Inhalt, mit Berufung nämlich, zusammenhängt, und der auch so gefühlt, verstanden und ausgeübt werden sollte.

Es ist völlig gleich, ob man ein Orchester zur geschlossenen Klangbildung einer Partitur dirigiert oder ob man eine Küchenbrigade auf Perfektion in Optik und Geschmack einschwört und im gemeinsamen Leistungswillen zusammenhält – letztlich ist

man selber immer nur so gut, wie gut jeder Einzelne in der Mannschaft ist, wie gut sich diese Mannschaft formen und führen lässt von ihrem Chef und hinter ihrem Chef steht.

Die Zahl derer, die sich tagtäglich viele Stunden für ihren Beruf aufopfern und die 35-Stunden-Woche nur aus der Zeitung und von Gewerkschaftsparolen kennen, ist so gering, dass sie wahrscheinlich nicht einmal fünf Prozent unseres Berufsstands ausmacht. Genau diese handverlesene wie begabte Schar von Köchen, denen ihr Beruf eben Berufung bedeutet, die ist es, die zur Erhaltung und Weiterentwicklung unserer Esskultur beiträgt. Mit Stolz und großer Hochachtung bedanke ich mich deswegen bei all meinen Mitarbeitern für die wahrhaft tatkräftige Unterstützung, die es mir erst ermöglichte, dieses Buch zu machen.

Joachim Wissler

Impressum

Alle Rezepte kreiert und gestylt von Joachim Wissler
Text:
Joachim Wissler und Thomas Ruhl, falls nicht anders vermerkt
Fotografie, Typografie:
Thomas Ruhl,
Hot Shots Fotos,
falls nicht anders vermerkt
Creative Direction:
Thomas Ruhl
Produktion:
Ruhl-Agentur GmbH, Köln
Art Direction:
Petra Gril
Produktion:
Carola Gerfer
Handling, Textassistenz:
Ute Schröder
Fotoassistenz:
Sebastian Jäger
Satz, Litho:
Ruhl-Agentur GmbH, Köln
Scantext, Köln
Druck:
Stalling, Oldenburg
Printed in Germany

Verlag:
Originalausgabe

2. Auflage 2003

ISBN 3-8320-8748-6

Anschriften:
Joachim Wissler
Restaurant Vendôme
Kadettenstraße
51429 Bergisch Gladbach

Thomas Ruhl
Werderstraße 21
50672 Köln
thomas.ruhl@ruhl-agentur.de

Inhaltsverzeichnis

Impressum und Inhalt

Joachim Wissler

vorgestellt von Hans Peter O. Breuer, Journalist

Unzeitgemäß könnte man sagen, Joachim Wissler sei eine der stärksten Kochbegabungen in Deutschland, wenn das Wort von der Begabung nicht irreführend, weil unzeitig gebraucht und ihm nicht gemäß wäre. Denn Begabung, das klingt ein bisschen so, als hätte man es, nur zum Beispiel, wie mit einem Klavierschüler zu tun, den man Beethovens „Für Elise" üben hört und dessen talentiertes Spiel selbst den prophetisch Untalentierten ahnen lässt, der Schüler werde es dermaleinst mit des Bonners Meister gewaltigem op. 111, was bekanntlich die Hammerklaviersonate ist, eindrucksvoll aufnehmen können. Eine Begabung in diesem Sinne, die war der junge Wissler, zeitgemäß damals, vielleicht vor 25 Jahren. Heute ist er es nicht mehr – der Koch ist, um im pianistisch wie prophetisch angesprochenen Bilde zu bleiben, längst bei der Hammerklaviersonate angelangt. Die Begabung hat sich zur Meisterschaft entfaltet. Und wer keine Begabung und Sensibilität für Sprache hätte, würde zu Wisslers Spiel am Herd sagen, zeitgemäß dies durchaus, dass es ein Hammer, dass es echt hammermäßig ist, wie er so kocht.

Unter uns aber gesagt, Wissler hört im Augenblick nicht zu, manche Gerichte, die er kocht, die kocht er nicht nur meisterhaft, sondern die haben glatt was Geniales.

Da ist es ausgesprochen. Genialisch, das anspruchsvolle Wort, das die Erwartungen des Gastes und interessierten Lesers in höchste Höhen schraubt, auf die der vorstellende Autor sie freilich nicht schrauben wollte, allein um Wissler nicht in Verlegenheit zu bringen. Nur fällt ihm, dem Autor, zur treffenden Charakterisierung von so allerhand bei Wissler in allerhand Jahren Probiertem und Genossenem nichts Geringeres ein. Wir kommen darauf gleich noch einmal zurück.

Wo werden Genies geboren? Nicht nur, aber auch auf der Schwäbischen Alb. 1963 war das. Die Eltern führen ein Gasthaus

und eine Landwirtschaft. Der Junge kommt früh mit Produkten in Berührung. Er hat wenig, um nicht zu sagen rein gar nichts Geniales an sich, sondern er ist ganz einfach ein Junge, der sich für die Natur interessiert, dafür, was die Natur so hervorbringt und was man daraus, will man sich ernähren, machen kann. Dass Wissler später eine Kunst daraus machen will und wird, was, dies nebenbei, für ihn von Anfang an felsenfest feststeht, das hält der Vater, bevor der Erfolg dann tatsächlich einsetzt, für mindestens verrückt. Denn er hat ja kein Genie oder einen Künstler zum Sohn, sondern einen einfachen Jungen. Einen Bauernbub, wie Wissler selber sagt.

Halt jedoch. Man hüte sich, gerade vor dem landschaftlichen Hintergrund der schönen Schwäbischen Alb, der auch die Toskana-Fraktion nicht absprechen würde, hierzulande eine der malerischsten Landstriche zu sein, man hüte sich also mit der Vorstellung vom Bauernbub Klischees eines sensenschwingenden und heumähenden bastblonden Bübchens zu verbinden, dessen sozusagen apfelwangige Unschuld ihn über drei nicht hinauszählen lässt und dessen Anteil am berühmten Goethe-Diktum von stiller Größe eher die edle Einfalt ist, die ihn auszeichnet.

Sich einen Bauernbub zu nennen, das drückt gewiss Wisslers Herkunftsverbundenheit, vielleicht aber auch seinen Stolz aus, es als Bauernbub, als Kind vom Lande zu etwas gebracht zu haben, was ihm übrigens durchaus in die Wiege gelegt wurde. Denn wie er kocht, so kann es einer oder er kann es nicht. Das Abc haben wir schließlich auch alle gelernt. Aber die „Duineser Elegien", die fließen nicht jedem alle Tage aus der Feder, nur weil er schreiben gelernt hat. So ähnlich ist das mit Wissler, der auch mit Wasser kocht und dem der gleiche Warenkorb zur Verfügung steht, aus dem wir uns auch bedienen, ohne dass unsereins daraus machen kann, was er daraus macht. Sprachen wir von genialisch? Genau das haben wir damit gemeint.

Nun fallen die Meister bekanntlich nicht vom Himmel. Das Kochen hat Wissler gelernt wie jeder andere angehende Koch auch. Aber er hat es nicht bei den großen Kollegen in deren berühmten Restaurants gelernt. Auch nicht bei Harald Wohlfahrt, wie immer behauptet und sogar abgedruckt wird, was die Sache nicht wahrer macht. Er hat eine ganz normale Lehre in der ganz normalen Küche der Traube-Tonbach in Baiersbronn hinter sich gebracht. Nun darf man sich die Kennzeichnung „normal" für die Küche eines der besten deutschen Ferienhotels wiederum nicht allzu normal vorstellen. Wisslers Kochlehre folgte hohen und höchsten Ansprüchen einer Ausbildungsbreite, wie sie als großes und kleines Einmaleins der Zunft heute in nicht mehr vielen Betrieben geboten wird.

Sein Handwerk hat er also von der Pieke auf gelernt und dann aus eigenem Vermögen und Antrieb weiterentwickelt: Keinen Eckart Witzigmann und keinen Heinz Winkler, keine spektakulären Auslandsaufenthalte findet man in seinem Lebenslauf. Nach der Traube ging es mal gerade die Schwarzwaldhochstraße hinunter nach Baden-Baden, wo Wissler immerhin im glanzvollen Brenner's arbeitete. Aber man hätte sich durchaus glänzender vorstellen können, wie jemand seine Stationen angeht, der einmal ganz oben stehen will, was Wissler, wir erzählten es, von Anfang an wollte.

Aber der Bauernbub ist ziemlich intelligent, was er auch weiß, man müsste ihn sonst für dumm halten. Und er kann intelligent mit dem umgehen, was er gelernt und inzwischen an Erfahrungen gesammelt hat. Hinzu kommen, neben einem Ehrgeiz, der sich nicht nach vorn drängt, und einem Selbstbewusstsein, das sich nicht selber nur toll findet, jenes Gran nicht erlern- und nicht erfahrbarer Kreativität und Phantasie, die nirgends anders

als aus dem Eigenen und Inneren kommt und die von just der Intelligenz kontrolliert und beherrscht wird, sich in keine Kreatitis zu versteigen oder ins Phantastische zu verlieren.
Dass sich das alles bei Wissler so verhält, die Proportion von Begabung, Können, Einsichtsvermögen und entschiedenem Kochkunst-Willen, wird 1993 zum ersten Mal auffällig gemacht: Ein Tester des Varta-Führers zeichnet die vom jungen Chef verantwortete Küche des Restaurants „Marcobrunn" auf Schloss Reinhartshausen mit einer Kochmütze aus. Der um- wie vor- und hellsichtige Michelin setzt nach und verleiht 1995 den ersten und schon 1996 den zweiten Stern, was bis dahin nur einmal in der galaktischen Geschichte ausgezeichneter Küchenchefs vorgekommen ist.

Was hat Tester und Inspektoren und Journalisten und nicht zuletzt natürlich die Gäste, die ihn 1994 im „Feinschmecker" zum „Koch des Jahres" wählten, auf Wissler aufmerksam gemacht?

Dreierlei: sein keine Kompromisse kennender Anspruch an die Qualität der Produkte, seine sensorisch fundiert und überlegt komponierten Rezepte sowie eine schier untrügliche Intuition für unherkömmliche Kombinationen von Produkten, Aromen, Garmethoden, die in kulinarisches Neuland führen. Ein Neuland, das nicht die vorgegaukelte Fata Morgana eines kochenden Phantasten ist, dessen rezeptive Tollheiten Originalität um ihrer selbst willen beweisen wollen und damit ad absurdum führen. Sondern kulinarisches Neuland lässt Wissler betreten, das sich dem Feinschmecker als Genießergefilde erschließt, in dem hohe Kunst immer noch von großem Können kommt und in der weiteren Kunst weisen Weglassens besteht. In der Summe könnte man auch sagen: Das hat was Geniales.

Abb. Das Restaurant Vendôme mit dem Sommelier Stefan Weise und Mannschaft, Impressionen aus der Küche

Das ist auch dem Hotelunternehmer Thomas Althoff nicht entgangen, der Wissler 2000 als Küchenchef für das Gourmetrestaurant „Vendôme" seines Schloss Bensberg gewann. Ein Grandhotel, in dem Wissler mit einer Grande Cuisine aufwartet, die nach seiner Zeit im Rheingauer „Marcobrunn" deutlich noch einmal an Mut und Entschiedenheit gewonnen hat, einen unverwechselbaren Personalstil zu kochen. Das ist kein Stil, der sich auf mediterran, französisch, asiatisch oder euro-asiatisch einköcheln lässt. Gewiss, Haydn komponierte klassisch, Mozart komponierte klassisch, Beethoven komponierte klassisch, um es einmal ganz platt auszudrücken. Aber Haydns Londoner Symphonien sind nicht Mozarts letzte in C und Es und G-moll und auch nicht Beethovens Neunte, Klassik hin oder her. Es spricht für Wisslers Intelligenz, aus all den Einflüssen, die von französischen, italienischen oder asiatischen Küchen kommen, das ihm Gemäße zu destillieren und das daraus zu machen, was Sie in diesem Buch wiederfinden werden: Wisslers große Küche. Und der Vergleich mit den komponierenden Klassikern kommt nicht von ungefähr: Einen der großen Klassiker und Ahnen unter den Köchen, die Kochgeschichte buchstäblich geschrieben haben, den hat Wissler zutiefst verinnerlicht, nämlich Auguste Escoffier. Was heißt uns das? Wissler ist nicht nur intelligent, er ist auch klug genug, das Rad für erfunden zu halten. Aber das mache ihm einmal einer vor oder nach, wie er's weiterdreht, dieses Rad.

Noch ein Vergleich kam nicht von ungefähr und wir bemühen ihn noch einmal. Die Assoziation nämlich zum talentierten Klavierspieler und strohblonden Buben: Joachim Wissler ist ein ausgesprochen jungenhaftes Naturell. Seinen Jahrgang will man ihm durchaus nicht glauben. Kommt hinzu eine für ihn einnehmende Natürlichkeit und Bescheidenheit, die prima vista den schon angesprochenen eminenten Ehrgeiz übersehen lässt, der ihn als noch jüngeren Mann antrieb, da stehen zu wollen, wo er heute steht und von wo aus er immer weiter aufzusteigen im Begriff ist. Von dieser Jungenhaftigkeit bräuchte man nicht zu sprechen, wenn sie ihm nicht auch im Beruf zum Vorteil schlüge:

Mental bedeutet sie eine entdeckungs- und experimentierfreudige Neugier auf alles Neue. Und in der persönlichen Begegnung verschafft sie ihm viel Sympathie, wenn er im Restaurant den Gastgeber gibt, Gäste begrüßt oder verabschiedet.

Nun legt Joachim Wissler sein erstes Kochbuch vor. Es bedarf keiner Einführung, denn es spricht für sich selbst. Die Zusammenstellung der Rezepte dokumentiert, dass große Küche keineswegs nur aus dem Gotha des viktualischen Adels besteht, sondern dass große Küche (auch) von der Güte ihrer Produkte bestimmt wird und wie man mit ihnen umgeht. Um zwei Hinweise allerdings bittet Wissler. Erstens: Große Küche beansprucht Zeit, ob genießend im Restaurant zugebracht oder kochend am Herd. Im Geschwindschritt ist Genuss nicht zu haben. Zweitens: Die Rezepte geben sowohl einen Auszug aus den Festspiel-Vorstellungen des „Vendôme", machen aber auch Vorschläge fürs tägliche Repertoire daheim.

Wenn also Steinpilze rezeptiert, dem nachkochenden Leser aber nicht verfügbar sind, dann können auch Steinpilzchampignons für sie eintreten oder statt der Taube das leichter zu bekommende Wachtelbrüstchen.

Der Autor ergänzt drittens, dass Wissler ein begnadeter Wein-Koch ist. Und es macht nicht zuletzt den Reiz dieses Buchs aus, seinen Weinvorschlägen zu folgen, die in Verbindung mit den korrespondieren Rezepten bzw. Gerichten gelinden Zweifel an Goethes Faust wecken, ob dem Menschen auf Erden zuweilen nicht doch Vollkomm'nes ward und wird.

Abb. Das Schlosshotel Bensberg mit dem Restaurant Vendôme.

Kompositionen aus klassischen Gourmetprodukten

Auf der Karte eines Gourmet-Restaurants dürfen Produkte wie Gänsestopfleber, Trüffel und Bressetauben nicht fehlen. Das gehört zur Erwartungshaltung vieler Gäste und auch zu der vieler Kritiker, die zu gerne Vergleiche mit Kollegen anstellen. Joachim Wissler schneidet bei solchen Vergleichen immer gut ab, denn seine Kompositionen basieren zum Teil zwar auf klassischen Gourmetprodukten, sind aber völlig neu erdachte Gerichte. So verschafft der Meister seinem Gast ein einzigartiges Erlebnis, trotz scheinbar Bekanntem. Natürlich stehen die schwarzen Trüffeln aus dem Perigord oder die Foie gras zurecht auf den Karten der Top Restaurants. Denn diese Produkte sind ebenso köstlich wie rar.

Das Foto zeigt die schöne Rosalie, eines der letzten beiden Trüffelschweine aus dem Perigord. Das freundliche Tier ist in der Nähe der Stadt Sorges tätig, der Trüffelhauptstadt im Perigord. Rosalie hilft den Menschen, die seltenen schwarzen Trüffeln zu suchen. Eine würdevolle Arbeit. Allerdings wird den Rosaroten ihr Job zunehmend von Hunden streitig gemacht – denn die sind einfacher zu handhaben.

Zutaten
für 4 Personen

100 g	feine, grüne Bohnen, geputzt und ohne Fäden
1	Bohnenkrautzweig, gezupft (Stiele beim Bohnenkochen verwenden)
6 EL	Trüffelvinaigrette (siehe Rezept Seite 161)
200 g	frische Gänseleber
4	mittelgroße, frische Artischockenböden
2 EL	kaltgepresstes Olivenöl
100 g	frische Wintertrüffel oder konservierte Ware
1	Kopf feinster Friséesalat, gezupft und gewaschen

Meersalz aus der Camargue
weißer Pfeffer aus der Mühle

1/2 Bd.	feiner Schnittlauch, in 2,5 cm lange Spitzen gezupft
4	Kerbelzweige, gezupft und gewaschen

Feuilleté von Gänseleber, Wintertrüffeln und

Zubereitung
Die Bohnen in kochendem Salzwasser mit Bohnenkrautstielen 2 Minuten garen, in Eiswasser abkühlen und abtropfen lassen. Die Bohnen in 5 mm lange Stücke schneiden. Das Bohnenkraut fein geschnitten mit den Bohnen und 3 Esslöffeln Trüffelvinaigrette vermengen und mit Salz und Pfeffer abschmecken. Die rohen Artischocken in 3 mm dicke, nudelartige Streifen schneiden und in Olivenöl langsam weich braten. Die Artischockenstreifen mit 2 Esslöffeln Trüffelvinaigrette marinieren, gut durchziehen lassen und würzen. Die Gänseleber auf einer Schneidemaschine in 3 mm dicke Scheiben schneiden und, auf Frischhaltefolie ausgebreitet, mit Meersalz und Pfeffer würzen. Die Trüffeln in 1 mm dicke Scheiben schneiden. Den Friséesalat klein zupfen und mit der restlichen Trüffelvinaigrette vermengen.

Anrichten
Die Gänseleberscheiben, die Artischockenstreifen und die Trüffelscheiben abwechselnd aufschichten und jeweils wenig Friséesalat, Kerbelblätter und Schnittlauchspitzen dazwischenlegen. Die Bohnen kreisförmig in der Tellermitte anrichten und die Gänseleberfeuilleté darauf setzen.

Weintipp Condrieu La Loye
Domaine Jean-Michel et Monique Gérin, Ampuis, Rhône/Frankreich
(siehe Seite 168, Nr. 12)
Weinglastyp: Kräftige Weißweine
Vorher öffnen: 1 Stunde
Dekantieren: ja

Zutaten
für 4 Personen

Ravioli

5 Kopf Treviso-Radicchio
30 g Butter
etwas Zucker
40 ml weißer Balsamico
6 cl Noilly Prat (trockener Wermut)
1 vollreife Birne, geschält und ohne Kernhaus
50 g geräucherter Bauchspeck
50 g Schalotten, in feine Würfel geschnitten
1 kl. Bd. Blattpetersilie
15 Salbeiblätter
200 g Nudelteig (siehe Rezept Seite 164)
1 Eigelb, mit
1 EL Milch angerührt
40 g frische Wintertrüffel
60 g grüne Bohnenkerne
1 l Hühnerbrühe
Salz, Pfeffer und alter Balsamico zum Abschmecken

Mimolettecrème

250 g Sahne
1 Rosmarinzweig
1 Thymianzweig
1 zerdrückte Knoblauchzehe
3 Eigelb
60 g geriebener Mimolettekäse
25 g frisch geriebener Parmesankäse
30 ml Champagner
Saft von 1/2 Limone
Salz
Cayennepfeffer

Zubereitung

Für die Ravioli die Treviso-Radicchio-Köpfe entblättern und lauwarm waschen, trockenschleudern und 16 schöne Blattspitzen beiseite legen. Den restlichen Radicchio in Streifen zu 5 mm Breite schneiden. Butter in einem Topf zerlaufen lassen. Zucker einstreuen und hell karamellisieren. Mit 3/4 des weißen Balsamicos und Noilly Prat ablöschen. Radicchio und die grob zerkleinerte Birne zugeben. Bei mittlerer Hitze und unter regelmäßigem Rühren am Topfboden ca. 30 Minuten köcheln lassen. Bauchspeck und Schalotten in wenig Butter langsam weich dünsten (goldgelbe Farbe ist erwünscht). Den größten Teil der Speck-Zwiebel-Masse

Tipp Bevor der Mimolettekäse gerieben wird, mit einem Trüffelhobel dünne Käselocken hobeln und zur Dekoration verwenden.

Weintipp St. Aubin Le Charmois 1er Cru
Domaine Marc Colin, St. Aubin, Burgund/Frankreich
(siehe Seite 168, Nr. 12)
Weinglastyp: Kräftige Weißweine
Vorher öffnen: 1 Stunde
Dekantieren: ja

Ravioli von Treviso-Radicchio mit Winterträffeln und Mimolettecrème

unter die Raviolifüllung geben und so lange leicht einkochen, bis diese trocken erscheint. Petersilie und Salbei zupfen, waschen, schleudern und fein schneiden. Die Kräuter unter die Füllung geben und mit Salz, Cayennepfeffer sowie altem Balsamico abschmecken. Den Nudelteig in dünne Quadrate ausrollen (1 mm dick und 9 x 9 cm groß) und dünn mit Eigelb einpinseln. Die erkaltete Füllung mittig mit einem Löffel aufbringen und den Teig zu dreieckigen Taschen zusammenlegen. Die Taschen auf einem mit Pergamentpapier ausgelegten Blech im Kühlschrank aufbewahren. Die Trüffel mit einer kleinen Handbürste waschen und in Küchenkrepp aufbewahren.
Die Bohnenkerne in kochendem Salzwasser ca. 10 Sekunden überbrühen und mit kaltem Wasser abspülen. Anschließend die äußere Haut abziehen.
Für die Mimolettecrème die Sahne mit den Kräuterzweigen und der Knoblauchzehe 3 Minuten leicht köcheln lassen. Auch Petersilien- und Salbeistiele, die beim Herstellen der Ravioli anfielen, können verwendet werden. Die nicht zu heiße Sahne durch ein Sieb gießen und die Eigelbe darunter rühren. Nun die geriebenen Käse darunter rühren und nochmals durch ein Sieb gießen. Mit Hilfe eines Schöpflöffels die Käserückstände im Sieb durchstreichen. Mit Salz, Cayennepfeffer, wenig von dem zurückbehaltenen weißen Balsamico und etwas Limonensaft abschmecken. Kurz vor dem Anrichten die Sauce unter Rühren erwärmen und mit Champagner verfeinern.
Die Ravioli in leicht gesalzener Hühnerbrühe 2 Minuten al dente kochen. Die Bohnenkerne in frischer Butter farblos anschwenken und mit wenig der zurückbehaltenen Speck-Zwiebel-Masse sowie mit Salz und Pfeffer abschmecken.

Anrichten
Die Ravioli sternförmig in der Mitte eines tiefen Pastatellers anrichten. Bohnenkerne und die in Butter kurz erwärmten Radicchiospitzen rundherum arrangieren. Mimolettesauce mit Hilfe eines Mixstabes aufschäumen und angießen. Zum Schluss die frischen Trüffeln darüber hobeln.

Gebratene Gänseleber mit Rhabarber und Löwenzahnsalat

Zutaten
für 4 Personen

4	feine, rote Rhabarberstangen
20 g	gefrorene Himbeeren
1	Vanilleschote
60 g	Zucker
100 ml	Weißwein (Riesling-Auslese)
2 g	farbloser Tortenguss, angerührt
1 Bd.	gelber Löwenzahnsalat
1/2 Bd.	Kerbel, gezupft, gewaschen und geschleudert
40 g	Perigord-Wintertrüffel in Scheiben
4 EL	Trüffelvinaigrette (siehe Rezept Seite 161)
4	Scheiben Gänseleber à 70 g

Salz und Pfeffer

Zubereitung
Rhabarber waschen und die Fäden dicht unter der Schale abziehen. Nun den Rhabarber in 9 cm lange Stücke schneiden und diese wiederum längs in nudelartige Streifen schneiden. Alle restlichen Rhabarberabschnitte werden zusammen mit den Himbeeren, der ausgeschabten Vanilleschote und 40 g Zucker vermischt. 20 g Zucker in einem Topf karamellisieren, mit Riesling aufgießen und auf die Hälfte einkochen. Die gezuckerten Rhabarberabschnitte mit den Himbeeren dazugeben und mit dem angerührten Tortenguss zur gewünschten Konsistenz binden. Den gebundenen Rhabarbersud durch ein feines Sieb gießen und nochmals kurz aufkochen. Die Rhabarberstreifen in dem heißen Sud leicht bissfest garen und auskühlen lassen. Die Rhabarberstreifen nun ineinander flechten und auf Pergamentpapier bis zum Anrichten beiseite stellen. Vom Löwenzahn nur die Blattspitzen verwenden und diese ca. 1 Stunde wässern.

Den gewässerten, geschleuderten Löwenzahn, den gezupften Kerbel und die Trüffelscheiben zusammen mit der Trüffelvinaigrette vorsichtig vermengen und mit Salz und Pfeffer abschmecken. Die Leber von beiden Seiten mit Salz und Pfeffer würzen und in einer vorgeheizten Pfanne bei mittlerer Hitze ca. 2 Minuten auf jeder Seite braten.

Weintipp Rüdesheimer Berg Schlossberg Riesling Spätlese, Rheingau/Deutschland (siehe Seite 168, Nr. 8)
Weinglastyp: Leichte Weißweine
Vorher öffnen: nein
Dekantieren: nein

Anrichten

Das Rhabarbergeflecht auf einem Teller mittig anrichten und mit etwas geliertem Sud überglänzen. Die gebratene Leber halb darauf anrichten und mit etwas Salat garnieren. Den restlichen Salat dazureichen.

Variation

Da Gänseleber in Geschmack und Konsistenz keine ebenbürtige Alternative findet, ist dieses Gericht nur mit gewissen Einschränkungen zu vereinfachen, wie nachfolgend beschrieben: Verwenden Sie geputzte, küchenfertige Geflügelleber-Nüsschen und bereiten Sie diese wie die Gänseleber zu. Den geputzten Rhabarber schneiden Sie in 1 cm breite Rauten und garen ihn in dem beschriebenen Rhabarbersud. Die Trüffelvinaigrette kann durch die im Anhang beschriebene Apfel-Balsamico-Vinaigrette (siehe Rezept Seite 160) ersetzt werden.

Anrichten

Die Geflügelleber nach dem Braten würzen! Das Rhabarberragout auf 4 Teller verteilen und die Leber-Nüsschen daran legen. Den Salat dekorativ als Türmchen anrichten und servieren.

Zutaten
für 4 Personen

50 g	Brötchen vom Vortag, in Würfel von 1 x 1 cm geschnitten
80 ml	kochende Milch
3	Eigelb
120 g	kleine Morcheln, geputzt und gewaschen
70 g	Butter
1 EL	Butterschmalz
3	Schalotten, in feine Würfel geschnitten
30 g	geräucherter Bauchspeck, in feine Würfel geschnitten
1	geschälte und fein zerriebene Knoblauchzehe, (den grünen Trieb in der Mitte entfernen)
150 ml	Sherry Medium
120 g	Gänseleber zum Braten
1 Bd.	fein geschnittener Schnittlauch
1 Bd.	Kerbel, gezupft und gewaschen (Stiele aufbewahren)
300 ml	Geflügelbrühe
100 g	Sahne
4	Zucchiniblüten mit Frucht, in lauwarmem Wasser eingelegt
60 g	frische Erbsen, in Salzwasser mit wenig Minze weich gekocht

Salz und Pfeffer aus der Mühle

Zubereitung
Die Brötchen mit kochender Milch übergießen und abgedeckt ziehen lassen. Anschließend Eigelb zugeben und alles zu einer homogenen Masse verarbeiten. Die Morcheln in Butter oder Butterschmalz anschwitzen. Die Hälfte der Schalotten, den Bauchspeck und wenig vom Knoblauch dazu geben. Mit Salz, Pfeffer und etwas von dem Sherry abschmecken. Die Morcheln müssen zum Ende der Garung trocken geschwitzt sein. Die Gänseleber in Würfel von 1,5 x 1,5 cm schneiden und in einer mittelheißen Pfanne ohne Fett rundherum anbra-

Geschmorte Zucchiniblüte mit Morcheln und Gänseleber

ten. Gänseleberwürfel, Morcheln (einige schöne Morcheln zurückbehalten als Garnitur), Schnittlauch und Kerbel vorsichtig mit der Brötchenmasse vermengen. Nochmals abschmecken und kalt stellen. Die Putzabschnitte der Morcheln waschen, in etwas Butter mit einem Teil der restlichen Schalotten und mit dem Knoblauch anschwitzen. Mit Sherry ablöschen und mit Geflügelbrühe auffüllen (2 Esslöffel zurückbehalten). Den Morchelsud um 50 % reduzieren und durch ein feines Sieb passieren. Anschließend die flüssige Sahne zugeben und nochmals reduzieren. Zum Schluss mit Salz, Pfeffer und Sherry abschmecken und beiseite stellen. Die Zucchiniblüten aus dem Wasser nehmen und sie vorsichtig abschütteln. Den Stempel aus der Blütenmitte entfernen und die Blüte mit der Morchelmasse füllen. Einen flachen Topf mit Butter ausreiben und die restlichen Schalotten einstreuen. Die Kerbelstiele hereinlegen und die gefüllten Blüten darauf legen. Salz, Pfeffer und Sherry sowie 2 Esslöffel Geflügelbrühe zugeben. Die Blüten im vorgeheizten Backofen bei 200 °C ca. 22 Minuten schmoren. Anschließend die Blüten herausnehmen, den entstandenen Schmorsud passieren und mit Butter binden.

Weintipp Scheurebe Kabinett trocken, Sachsen/Deutschland (siehe Seite 168, Nr. 1)
Weinglastyp: Leichte Weißweine
Vorher öffnen: nein
Dekantieren: nein

Anrichten

Die Blüten auf geeigneten Tellern anrichten und mit dem Schmorfond übergießen. Die restlichen Morcheln und die in Butter glasierten Erbsen gefällig rundherum anrichten. Zum Schluss die Morchelsahne (Velouté) mit einem Mixstab aufschäumen und den Schaum über die Morcheln ziehen.

Warm geräucherte Bresse-Taube und roh marinierte

Zutaten
für 4 Personen

2	ganze Tauben, küchenfertig ausgenommen
160 g	frische Gänseleber
2	Artischocken
Saft von	1/2 Zitrone, vermischt mit
200 ml	Wasser
10 ml	ligurisches Olivenöl
2	geschälte Knoblauchzehen, ohne grünen Trieb
1	Thymianzweig
100 g	Spitzmorcheln, geputzt und gewaschen
20 g	frische Butter
1	Schalotte, in feine Würfel geschnitten
2 EL	Sherry
50 g	Löwenzahnsalatspitzen, geputzt und gewaschen
50 g	Treviso-Raddicchio, geputzt und gewaschen
4 EL	Apfel-Balsamico-Vinaigrette
1 kl. Bd.	gezupfter Kerbel
1/2 Bd.	feine Schnittlauchspitzen
4 EL	braune Geflügelsauce

Salz und weißer Pfeffer aus der Mühle
geriebener Knoblauch

Räucherzutaten

1	Rosmarinzweig
2	frische Lorbeerblätter
8	Wacholderbeeren
20 g	Buchenholzsägemehl

Meersalz aus der Camargue

Zubereitung
Die Tauben mit den Räucherzutaten ca. 8 Minuten bei mildem, nicht zu heißem Rauch in einer Räucherpfanne mit Haube räuchern. Anschließend die Tauben im vorgeheizten Backofen (170 °C) ca. 12–15 Minuten rosa garen. Die Tauben bei geöffneter Backofentür (Backofen ausschalten) warm halten.
Die Gänseleber mit einer Schneidemaschine in 5 mm dünne Scheiben schneiden und auf einem vorgekühlten Teller nebeneinander gelegt kalt stellen.
Die Artischocken entblättern und den Stiel abbrechen. Mit einem kleinen Gemüsemesser die Blattansätze vom verbliebenen Artischockenboden rund-

Gänseleber mit Löwenzahnsalat und Spitzmorcheln

herum wegschneiden. Das so genannte Heu in der Bodenmitte mit Hilfe eines Esslöffels herausschälen. Den Artischockenboden in Zitronenwasser abwaschen und ebenfalls in dünne, 3 mm dicke Streifen schneiden. Die Streifen sofort in das Olivenöl legen und auf 75 °C erhitzen. Mit Knoblauchzehen, Thymianzweig, Salz und Pfeffer das Öl aromatisieren. Die Artischocken so lange bei 75 °C Öltemperatur halten, bis sie leicht bissfest gegart sind. Die Morcheln mit Butter und der Hälfte der Schalottenwürfel in einer beschichteten Pfanne kurz anbraten. Mit Sherry ablöschen und mit Salz, Pfeffer und wenig fein geriebenem Knoblauch abschmecken.

Weintipp Condrieu La Loye, Domaine Jean-Michel et Monique Gérin, Ampuis, Rhône/Frankreich (siehe Seite 168, Nr. 12)
Weinglastyp: Kräftige Weißweine
Vorher öffnen: 1 Stunde
Dekantieren: ja

Anrichten

Die Keulen von den Tauben lösen, und die Brüste am Brustbein entlang herunterlösen. Den Salat mit der Apfel-Balsamico-Vinaigrette anmachen sowie mit den restlichen Schalottenwürfeln, Salz und Pfeffer abschmecken.

Den Salat, die Kerbelblätter, die Schnittlauchspitzen und die Artischockenstreifen miteinander vorsichtig vermengen. Die Gänseleber mit Meersalz und Pfeffer würzen. Nun die Leberscheiben filigran auf den Salat legen. Die Taubenbrüste dünn aufschneiden und an den Salat legen. Zum Schluss die Geflügelsauce darumgießen und die Morcheln leger darüber geben. Die Keulen in wenig Butter auf der Hautseite knusprig braten und dazureichen.

Zutaten
für 4 Personen

2	ganze Tauben
4	Artischockenböden
80 g	Butter
3	Thymianzweige
Saft von 1/2 Zitrone	
2	Schalotten, geschält und in feine Würfel geschnitten
30 g	geräucherter Schweinebauch, in feine Würfel geschnitten
100 g	Blattspinat, geputzt und gewaschen
1	Scheibe Weißbrot, in feine Würfel geschnitten
40 g	Pinienkerne
5	absolut weiße Champignons, in Würfel geschnitten
1 Msp.	zerdrückte Knoblauchzehen
2	Blattpetersilienzweige, gezupft, gewaschen und fein geschnitten
50 g	schwarze Oliven, in feine Würfel geschnitten
300 ml	Geflügelsauce (siehe Rezept Seite 162)
300 g	Schweinenetz, gut gewässert (beim Metzger bestellen)
60 g	feines Geflügelbrät (beim Metzger bestellen)
2	Salbeizweige
100 ml	Olivenöl bester Qualität
20	kleine, geschälte Perlzwiebeln
1	Rosmarinzweig
4	Zucchiniblüten mit Frucht
12	getrocknete Tomatenviertel (siehe Rezept Seite 166)

Butterschmalz zum Braten
alter Balsamico
Salz, Pfeffer aus der Mühle
Zucker
weißer Balsamico

Bresse-Taube mit schwarzen Oliven in der Artischocke geschmort

Zubereitung

Die Tauben wie folgt zerlegen: Die Keulen im Gelenk am Oberschenkelknochen abtrennen. Die Brust mit einem Messer am Brustbein entlang herunterschneiden. Herz und Leber vorsichtig herausnehmen und von Blutgerinseln säubern. Die übrig gebliebenen Knochen mit einer Geflügelschere klein schneiden. Die Artischockenböden in gesalzenem Wasser mit 1 Flocke Butter, 1 Thymianzweig und ein wenig Zitronensaft nicht zu weich kochen. Die Artischocken frühzeitig vom Herd nehmen und im Sud abgedeckt auskühlen lassen. Butter in einer Pfanne erhitzen und die Schalotten mit den Speckwürfeln und Blattspinat anschwenken. Die Weißbrotwürfel in wenig Butter goldgelb backen. Die Pinienkerne ebenfalls goldgelb rösten. Die Champignonwürfel in wenig Butter mit einer Messerspitze Knoblauch anbraten. Die Taubenleber rundherum anbraten und in Würfel schneiden. Den Blattspinat in einem Sieb ausdrücken und die Pinienkerne fein hacken. Blattspinat, Taubenleber, Champignons, Brotwürfel, Pinienkerne, Blattpetersilie und 30 g schwarze Olivenwürfel vermengen und mit einem Esslöffel Geflügelsauce, altem Balsamico, Salz und Pfeffer abschmecken. Das Schweinenetz auf einem Küchenkrepp ausbreiten, trockentupfen und mit Salz und Pfeffer würzen. Die abgetropften Artischockenböden mit der Lebermasse füllen. Die Haut von den Taubenbrüsten abziehen und die Brüste auf die gefüllten Artischocken legen. Die Taubenbrüste dünn mit dem Geflügelbrät maskieren und mit dem Schweinenetz einschlagen. Das Schweinenetz soll an der Unterseite des Artischockenbodens überlappen. Die Artischockenböden nun in Butterschmalz rundherum anbraten. Die zerkleinerten Taubenknochen ebenso rundherum anbraten.

Tipp Eine Steinpilzpolenta eignet sich perfekt zu diesem Gericht.

weiter auf der nächsten Seite

Die Artischockenböden mit den Knochen und der Geflügelsauce, den Salbeizweigen, 1 Thymianzweig und den restlichen Oliven im vorgeheizten Backofen bei 160 °C ca. 15 Minuten schmoren. Anschließend die Artischocken herausnehmen und mit Alufolie abgedeckt warm stellen. Die Restwärme des ausgeschalteten Backofens ist dafür ideal. Die Knochen mit der Sauce durch ein feines Sieb gießen und die Flüssigkeit um die Hälfte einkochen. Zum Schluss die Sauce mit wenig Butter und bestem Olivenöl verfeinern. Die Perlzwiebeln in einem Topf mit einem Esslöffel Zucker erhitzen und leicht karamellisieren. Mit einem Spritzer weißem Balsamico ablöschen und mit wenig Olivenöl beträufeln. Den restlichen Thymianzweig, den Rosmarinzweig und 1 Prise Salz dazugeben und mit Alufolie dicht verschlossen ca. 25–30 Minuten bei 160 °C im vorgeheizten Backofen schmoren. Die Zucchiniblüten von der Frucht trennen und in 140 °C heißem Fett frittieren. Die Frucht längs in Scheiben schneiden, würzen und in wenig Olivenöl mit wenig Knoblauch weich dünsten und zum Schluss die getrockneten Tomaten mit erwärmen.

Anrichten
Die gefüllten Artischocken im Topf mit der Olivensauce übergießen und anschließend halbieren. Die Hälften tellermittig anrichten. Die Perlzwiebeln, die Tomaten und Zucchini rundherum legen. Die frittierten Blüten zum Schluss anlegen. Die Sauce am Tisch über die Tauben und das Gemüse träufeln.

Bresse-Taube mit schwarzen Oliven in der

Artischocke geschmort

Variation
Braten Sie die ganze Taube in einer Pfanne im vorgeheizten Backofen bei 160 °C Ober-/Unterhitze ca. 20–24 Minuten rosa. Die Artischocke in Keile mit 1 cm Rückenlänge schneiden und in Olivenöl langsam braten. Die Schalottenwürfel, Champignons, Speckwürfel, Oliven, Pinienkerne, Tomatenviertel, Petersilie und Geflügelsauce zu den Artischocken geben.
Die Taubenbrüste und Keulen vom Knochen lösen. Nun das Artischockenragout in 4 tiefe Pastateller verteilen und jeweils Brust und Keule darauf setzen.
Die geschmorten Perlzwiebeln darüber streuen. Diese Zubereitung erspart die aufwändige Leberfüllung und dadurch einige Zutaten. Jedoch bleibt es geschmacklich immer noch ein Erlebnis. Die zurückgebliebenen Herzen und die Leber werden mit Rosmarin und Thymian in Butter rosa gebraten und mitserviert.

Weintipp Savigny-Les-Beaune 1er Cru
Domaine Maurice Ecard
Savigny-Les-Beaune,
Burgund/Frankreich
(siehe Seite 168, Nr. 4)
Weinglastyp: Gereifte Rotweine
Vorher öffnen: nein
Dekantieren: nein

Tauben-Steinpilz-Kompott mit Markklößchen

Zutaten
für 4 Personen

2	Etoufé-Tauben, küchenfertig vorbereitet (Herz und Leber aufbewahren)
1 Bd.	kleine Karotten, geschält
1	Schalotte, geschält und in feine Würfel geschnitten
80 g	Butter
50 ml	Mineralwasser
1	Zuckermaiskolben
1 Bd.	kleine Lauchzwiebeln, geputzt und gewaschen
160 g	Steinpilze, wurmfrei, geputzt und gesäubert
2	Thymianzweige
200 ml	Geflügelsauce (siehe Rezept Seite 162)
32	Markklößchen (siehe Rezept Seite 167)
1	Knoblauchzehe, geschält, ohne Trieb, in Olivenöl püriert
1	Blattpetersilienzweig, gezupft, gewaschen und fein geschnitten

Butterschmalz zum Braten
Salz, weißer Pfeffer aus der Mühle
Zitronensaft, Zucker

Zubereitung
Die Tauben mit Salz und Pfeffer würzen. In einem kleinen, flachen Topf die Tauben mit Butterschmalz auf Brust und Keulen anbraten. Im vorgeheizten Backofen bei 180 °C die Tauben, auf den Keulen liegend, jeweils 7–8 Minuten braten. Anschließend die Tauben auf den Rücken drehen und nochmals 4–5 Minuten braten. Die Tauben im abgeschalteten, warmen Backofen bei 45 °C 15 Minuten ruhen lassen. Die Karotten schräg in 1 cm lange Stücke schneiden. Mit der Hälfte der Schalotten und wenig Butter die

Weintipp Pinot Noir
La Crema, Russian River Valley, Kalifornien/USA
(siehe Seite 168, Nr. 14)
Weinglastyp: Leichte Rotweine
Vorher öffnen: nein
Dekantieren: nein

Karotten farblos anschwitzen. Mit Salz, Pfeffer und Zucker würzen und mit Mineralwasser angegossen, langsam bissfest weich dünsten. Den Maiskolben und die Lauchzwiebeln separat in kochendem, gesalzenen Wasser 3 Minuten schonend garen und in Eiswasser abkühlen. Die Maiskörner vom Kolbenstrunk pulen. Den Lauch längs halbieren und auf Küchenkrepp gelegt beiseite stellen. Die Steinpilze je nach Größe vierteln oder achteln. Die Taubenbrüste und Keulen vom Körper schneiden und wieder warm stellen. Die Knochen zerkleinern und mit Thymian in dem Geflügeljus 10 Minuten leicht köcheln lassen. Anschließend die Sauce durch ein feines Sieb gießen und mit 30 g Butter verfeinern. Die Markklößchen in gesalzenem, leicht kochendem Wasser 6 Minuten garen. Die Lauchzwiebeln mit Salz und Pfeffer würzen und in wenig Butter auf der Schnittfläche goldgelb braten. Die Maiskörner zu den Karotten geben und evtl. nochmals würzen. Die Steinpilze mit der restlichen Butter, Schalotten und wenig Knoblauchöl anbraten. Mit Salz, Pfeffer und wenigen Tropfen Zitronensaft würzen. Zum Schluss die Petersilie darüber streuen.

Anrichten

Die Taubenbrüste einmal schräg halbieren. Taubenbrüste, -keulen, Gemüse und Steinpilze in 4 tiefe, vorgewärmte Teller dekorativ verteilen. Die heiße Sauce über das Fleisch gießen und zum Schluss die Markklößchen dazwischen legen. Die restliche Sauce separat dazureichen.

Variation

Verwenden Sie anstatt der Tauben 1 Wachtel pro Person. (Die Garzeit verkürzt sich insgesamt um 1/3). Die Markklößchen werden inzwischen vorgefertigt und in guter Qualität angeboten, eine enorme Arbeitserleichterung für den Haushalt. Die Zubereitung bleibt ansonsten wie im Originalrezept.

Barbarie-Ente mit Sesam-Brioche-Krumen und Ingwerkarotten

Zutaten
für 4 Personen

1/2	Staude englischer Sellerie
1 Bd.	kleine Karotten, geschält
4 St.	asiatischer Stangenkohl oder Paksoigemüse
1 EL	Zucker
4 cl	Reisweinessig
50 ml	halbtrockener Riesling Spätlese
1/2	Vanilleschote
1	Sternanis
1	Mokkalöffel frischer Ingwer, geschält und fein gehackt
1 kl. St.	Orangenschale
4	Zweige Koriandergrün, gezupft (Stiele aufbewahren)
100 ml	Mineralwasser
100 g	Butter
1	Barbarie-Ente, 2 kg (weibliche Tiere bevorzugt), küchenfertig geputzt, ohne Innereien
300 ml	Geflügelsauce (siehe Rezept Seite 162)
1	Mokkalöffel eingelegter Sushi-Ingwer, feingehackt (Saft zurück behalten)
1	Schalotte, geschält und in feine Würfel geschnitten
4	Koriandersamen aus der Mühle

Saft von 1/2 Limone

20 g	weißer, gerösteter Sesam, fein gemahlen
60 g	Briochekrumen

Salz und weißer Pfeffer aus der Mühle, Butter
Butterschmalz zum Braten

Zubereitung

Den Staudensellerie in die einzelnen Stangen zerteilen und die äußere Haut abschälen. Die gelben, kleinen Sellerieblätter in feinste Streifen schneiden. Karotten und Sellerie schräg in 1,5 cm lange Rauten schneiden. Die Sellerierauten in kochendem, gesalzenem Wasser 2 Minuten garen und in Eiswasser abkühlen. Den Stangenkohl von allen großen Blättern befreien und den inneren Stiel mit den feinen Herzblättern schälen. Die geschälten Stiele ebenfalls in leicht kochendem, gesalzenen Wasser 3 Minuten garen und in Eiswasser abkühlen. Den Zucker in einem kleinen Stieltopf hell karamellisieren und mit Reisweinessig ablöschen.

Variation
Anstatt der Ente können Sie 4 weibliche Entenbrüste verwenden. Schneiden Sie daran die Fettschicht in 1 cm Abständen 2 cm tief schräg ein. Die Entenbrust würzen, auf der Fettschicht anbraten und dann im im vorgeheizten Backofen bei 210 °C Ober-/Unterhitze 8 Minuten kross braten. Die geschnittenen Karotten werden mit Schalottenwürfeln, gehacktem Sushi-Ingwer und Mineralwasser bissfest weich gedünstet und kurz vor dem Servieren mit Koriandergrün verfeinert. Die Entenbrüste auf der Hautseite mit der Brioche-Sesam-Butter übergießen und im Backofen mit Grillstufe goldgelb bräunen. Die Karotten auf 4 Tellern anrichten und die Entenbrüste darauf legen. Geflügelsauce und Basmatireis separat dazu reichen. Die Zeitersparnis rechtfertigt die Vereinfachung des Rezeptes und das Gericht behält dennoch seine Raffinesse.

Weintipp Ihringer Winklerberg Mimus Spätburgunder trocken, Baden/Deutschland (siehe Seite 168, Nr. 2)
Weinglastyp: Leichte Rotweine
Vorher öffnen: nein
Dekantieren: nein

Riesling, Vanilleschote, Sternanis, frischen Ingwer, Orangenschale, Korianderstiele und Mineralwasser dazugeben und auf die Hälfte einkochen. Den Sud anschließend passieren und 50 g Butter einschwenken. Die Ente mit Salz und Pfeffer würzen und in Butterschmalz auf beiden Keulenseiten liegend im vorgeheizten Backofen bei 210 °C Ober-/Unterhitze 35 Minuten braten. Während dieser Zeit die Ente mehrmals wenden und mit dem ausgetretenen Fett übergießen. Nach 35 Minuten die Ente auf das Rückgrat legen und mit reiner Oberhitze (Grillstufe 80 %) 10 Minuten knusprig braten. Die Ente aus dem Ofen nehmen und 10 Minuten ruhen lassen. Anschließend die Keulen abtrennen und die Brustfilets am Brustbein entlang vom Körper schneiden. Die Knochen aus den Keulen lösen und den restlichen Körper zerkleinert in die Geflügelsauce geben. Die Sauce am Herdrand 10 Minuten zart köcheln lassen und anschließend durch ein feines Sieb gießen. Kurz vor dem Servieren die Sauce mit einer Butterflocke verfeinern. Karotten, Staudensellerie, eingelegten Ingwer und Schalottenwürfel in wenig Butter farblos weich dünsten. Den zurückbehaltenen Ingwersaft, den gebutterten Ingwersud, Korianderblätter, Sellerieblätter und den Stangenkohl dazugeben und mit Salz, Pfeffer, gemahlenen Koriandersamen und wenig Limonensaft würzen. Die restliche Butter (50 g) in einer Pfanne zerlaufen lassen und mit dem gemahlenen Sesam und den Briochekrumen verrühren. Die Entenkeulen und Brüste auf der Hautseite mit der Brioche-Sesam-Butter übergießen und im Backofen mit Grillstufe goldgelb bräunen.

Tipp Basmati, oder Duftreis genannt, eignet sich als Beilage hervorragend zu diesem Gericht.

Anrichten
Das Gemüse auf 4 Teller anrichten und die tranchierte Ente gefällig dazwischenlegen. Den Gemüsesud rundherum über das Gemüse träufeln und die Sauce separat dazu reichen.

Zickleinleber mit getrüffeltem Bohnen-Renetten-Salat

Zutaten
für 4 Personen

200 g	feine grüne Bohnen, geputzt und ohne Fäden
1	aromatischer, nicht mehliger Apfel (Renette)
8	Scheiben geräucherter Schweinebauch (dünn geschnitten)
30 g	fein gehackter Wintertrüffel
100 ml	Traubenkernöl
20 ml	10 Jahre alter Balsamico
1 Msp.	Dijonsenf
2	wilde Bohnenkrautzweige, gezupft
1	Schalotte in feine Würfel geschnitten
80 g	rohe Kartoffelwürfel 5 x 5 mm
60 g	Butterschmalz
1/2	Schalotte, in feine Ringe geschnitten
250 g	Zickleinleber
30 g	frische Butter
30 g	Wintertrüffel, in feine Stifte geschnitten
3	Kerbelzweige, gezupft

Salz, weißer Pfeffer aus der Mühle

Zubereitung
Die Bohnen in leicht übersalzenem, kochendem Wasser ca. 4 Minuten garen und in Eiswasser abschrecken. Die Bohnen längs halbieren und 4 Quadrate zu 10 x 10 cm legen. Den Rest der Bohnen in 3 cm lange Stücke schneiden. Den Apfel ebenfalls in 3 cm lange Stifte schneiden. Den Schweinebauch in einer beschichteten Pfanne bei gelinder Hitze knusprig braten.

Die gehackten Trüffeln in einem Steinmörser mit dem Traubenkernöl fein zerreiben. Das Trüffel-Öl-Püree mit dem alten Balsamico vermengen und mit Salz, Pfeffer und Dijonsenf abschmecken. Die Hälfte der Trüffelvinaigrette mit den Bohnen- und Apfelstiften marinieren. Das Bohnenkraut fein schneiden und zusammen mit den Schalottenwürfeln unter den Bohnensalat geben. Die Bohnenquadrate mit der restlichen Trüffelvinaigrette marinieren. Die Kartoffelwürfel in wenig Butterschmalz goldgelb backen und auf ein Küchenkrepp schütten. Bei Bedarf die Kartoffelwürfel mit Salz und Pfeffer würzen. Die Schalottenringe in Butterschmalz langsam frittieren.

Anrichten

Die Bohnenquadrate tellermittig anrichten und den Bohnen-Renetten-Salat sichelförmig am Tellerrand arrangieren. Die knusprigen Speckscheiben anlegen. Die Zickleinleber in frischer Butter von beiden Seiten kurz anbraten und mit Salz und Pfeffer würzen. Die Leberscheiben auf den Bohnenquadraten anrichten und mit den gebackenen Schalottenringen garnieren. Zum Schluss die Trüffelstifte, Kerbelzweige und Kartoffelwürfel über den Bohnensalat streuen

Weintipp Tokay Pinot Gris Réserve Personelle F.E. Trimbach, Ribeauvillé, Elsaß/Frankreich (siehe Seite 168, Nr. 11)
Weinglastyp: Kräftige Weißweine
Vorher öffnen: nein
Dekantieren: nein

Wildkaninchen

Zutaten
für 4 Personen

Mediterranes Gemüse
(sollte am Vortag zubereitet werden)

1	rote Paprika
1	gelbe Paprika
200 ml	hochwertiges Olivenöl aus Ligurien
4	Zucchiniblüten mit Frucht
500 ml	Pflanzenöl zum Frittieren
1	kleine Aubergine
4	Knollen Topinambur (Jerusalem-Artischocken), geschält und in 2,5 mm dicke Scheiben geschnitten
2	geschälte Knoblauchzehen, ohne Trieb
2	Thymianzweige
1 Bd.	Basilikum
1 Pr.	Zucker
1 EL	weißer Balsamico
1 Bd.	kleine Bärlauchblätter

Meersalz aus der Camargue
weißer Pfeffer aus der Mühle

Zubereitung

Für das mediterrane Gemüse die Paprika vierteln und das Kernhaus entfernen. Die Paprikaviertel mit Olivenöl einpinseln und im Backofen bei reiner Oberhitze (250 °C) schmoren, bis sich die Haut kräuselt. Mit Aluminiumfolie abgedeckt 15 Minuten auskühlen lassen und die Haut abziehen. Die Zucchiniblüte im vorgeheizten Pflanzenfett (ca. 135 °C) goldgelb frittieren. Die Zucchinifrucht längs in dünne Scheiben schneiden. Aubergine waschen und ebenfalls in Scheiben schneiden. Nacheinander Zucchini- , Auberginen- und Topinamburscheiben mit Salz und Pfeffer würzen

in Estragonessig geschmort, mediterranes Gemüse und Bärlauch

und in einer beschichteten Pfanne mit 2 Esslöffeln Olivenöl gleichmäßig anbraten und garen. Eine flache Keramikplatte mit den angedrückten Knoblauchzehen ausreiben und mit dem Thymian sowie der Hälfte des Basilikums auslegen. Alle Gemüse darauf auslegen und mit Meersalz, Pfeffer und etwas Zucker würzen. Balsamico darüber träufeln und 100 ml des Olivenöles darüber gießen. Abgedeckt ca. 24 Stunden im Kühlschrank durchziehen lassen. Das restliche Olivenöl und die zurückbehaltenen Basilikumblätter, und die Hälfte der Bärlauchblätter mit einem Pürierstab zerkleinern und das gewonnene, grüne Öl kalt stellen.

Weintipp Pouilly-Fuissé La Roche Domaine Daniel & Martine Barraud, Vergisson, Burgund/Frankreich (siehe Seite 168, Nr. 12)
Weinglastyp: Kräftige Weißweine
Vorher öffnen: nein
Dekantieren: nein

weiter auf der nächsten Seite

Wildkaninchen in Estragonessig geschmort,

Zutaten
für 4 Personen

Wildkaninchen

1	Wildkaninchen, zerlegt in Rückenfilet, Schulter, Keule und Leber
120 g	Schmorgemüse, bestehend aus 1/4 Schalotte, 1/4 Staudensellerie, 1/4 Lauch, 1/8 Tomate, 1/8 Karotte,
1/2	Apfel ohne Kernhaus
40 ml	Estragonessig
20 g	geschältes Tomatenfleisch aus der Konserve
300 ml	Geflügelsauce (siehe Rezept Seite 162)
3	geschälte Knoblauchzehen, ohne Trieb
2	frische Lorbeerblätter
3	Thymianzweige
10	weiße Pfefferkörner
2	Estragonzweige
30 g	Butter
10	Scheiben geräucherter Schweinebauch, dünn geschnitten

Salz und Pfeffer zum Würzen
Olivenöl zum Anbraten

Zubereitung
Schulter und Keule des Kaninchens mit Salz und Pfeffer würzen und in Olivenöl rundherum anbraten. Die 2 Rückenfilets vom Knochen lösen und beiseite stellen. Die Knochen klein hacken und ebenfalls anbraten. Das Schmorgemüse, den Knoblauch und den Apfel grob zerkleinern, dazugeben und 5 Minuten gleichmäßig anbraten. Mit Estragonessig ablöschen und mit den geschälten Tomaten sowie der Geflügelsauce angießen. Lorbeerblatt, Thymianzweige, Pfefferkörner und die abgezupften Stiele des Estragons dazugeben und mit Alufolie bedeckt bei 120 °C ca. 5 Stunden langsam schmoren.

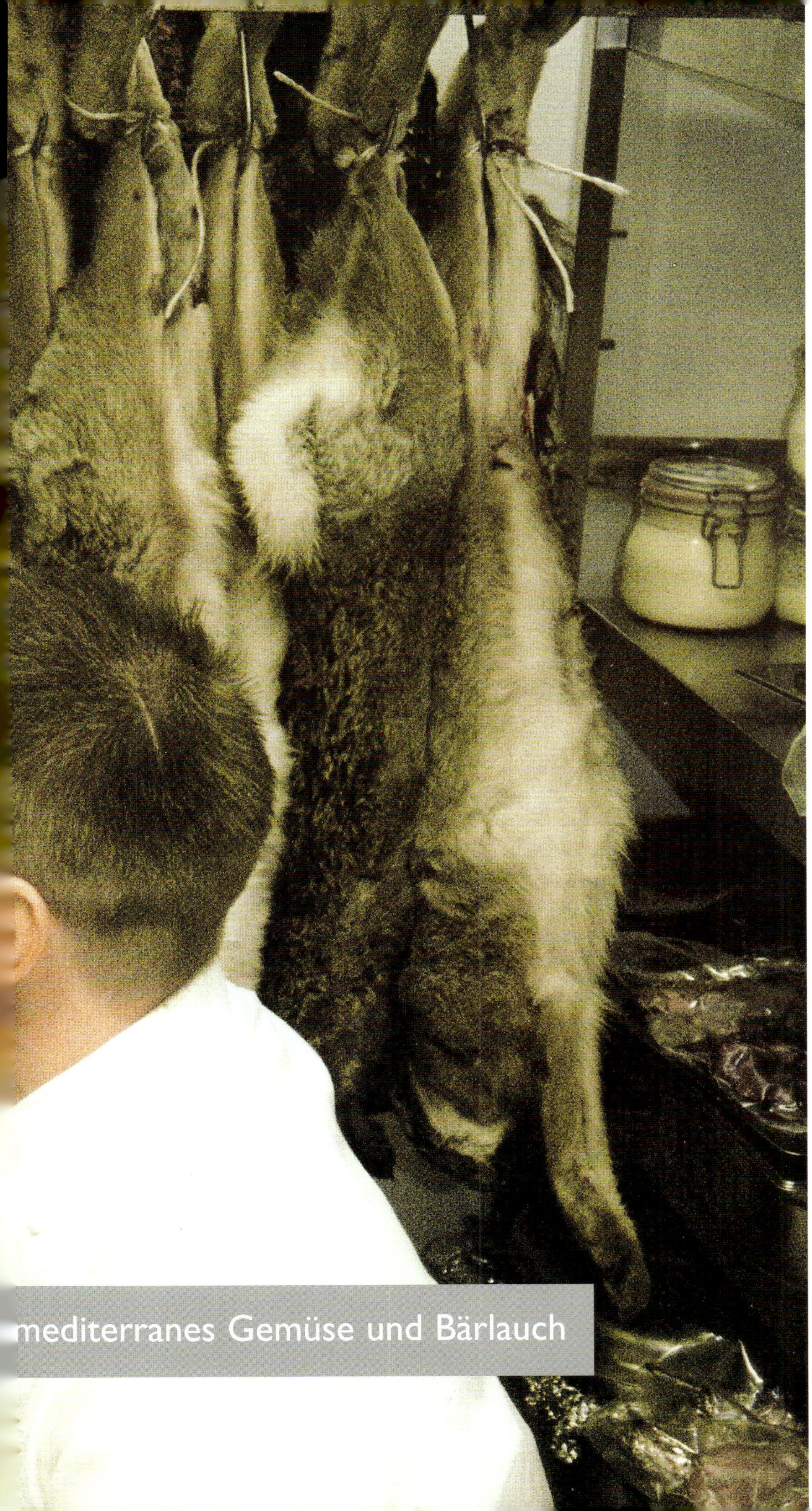

mediterranes Gemüse und Bärlauch

Die Fleischteile regelmäßig wenden und eventuell noch etwas Flüssigkeit (Geflügelbrühe) angießen. Das Schmorgut sollte immer flüssigsämig sein, aber niemals schwimmen.
Die weichen Fleischteile vorsichtig vom Knochen lösen und in gefällige Stücke zupfen. Das Schmorgemüse auf einem Sieb sorgfältig abtropfen lassen und die aufgefangene Sauce mit der Butter binden und abschmecken.
Die Speckscheiben leicht überstehend zu einem Rechteck auslegen und mit den restlichen Bärlauchblättern (siehe Seite 34) belegen. Die Rückenfilets von Haut und Sehnen befreit in das Speck-Bärlauch-Rechteck einwickeln und mit einem Naturbindfaden 4-mal pro Filet binden. Die Kaninchenleber von Blutgerinseln und Häuten säubern.

Anrichten
Die Schmorteile in der Sauce erwärmen. Die Rücken-Speck-Rollen rundherum knusprig braten (ca. 7–8 Minuten), die Leber kurz vor dem Servieren in frischer Butter noch rosa im Kern braten und anschließend mit Salz und Pfeffer würzen. Das eingelegte Gemüse in der Tellermitte ineinander verschlungen anrichten. Rücken, Leber und geschmorte Schulterteile oder Keule rundherum arrangieren. Das grüne Öl an das Gemüse gießen und mit den frittierten Blüten dekorieren. Man kann dieses Gericht schon am Vortag vorbereiten. Nur das Braten von Rücken und Leber sollte kurz vor dem Anrichten geschehen.

Zutaten
für 4 Personen

8 Jakobsmuscheln in der Schale
200 g weich gedämpfte Blumenkohlröschen
1/2 Blatt Gelatine
40 g flüssige Sahne
100 g geschlagene Sahne
Saft von 1/2 Limone

10 ml Champagner
125 g Imperialkaviar
Ligurisches Olivenöl
Meersalz aus der Camargue
Cayennepfeffer

Zubereitung

Die Muscheln mit einem kleinen Messer durch einen Schnitt an der Muscheloberseite in das Innere öffnen und das Muskelfleisch herauslösen. Innereien und Barte entfernen und das gewaschene, reine Muskelfleisch in 4 mm dicke Scheiben schneiden. Die Scheiben kalt stellen. Den roten Rogen nach Belieben in Butter vorsichtig braten und mit wenigen, frischen Kräutern als Salat dazu reichen.

Die Blumenkohlröschen in einem Küchenmixer fein pürieren. Die Gelatine in kaltem Wasser einweichen, ausdrücken und mit der flüssigen Sahne erwärmen. Die flüssige Sahne unter das Blumenkohlpüree rühren und mit Meersalz, Cayennepfeffer und wenig Limonensaft abschmecken. Nun die geschlagene Sahne vorsichtig unterheben und zum Schluss mit Champagner verfeinern.

Geeister Blumenkohlschaum mit Coquille Saint Jacques und Imperialkaviar

Anrichten
Das Mousse in 4 Glasschalen ca. 1 cm hoch einfüllen und kalt stellen. Auf das durchgekühlte Mousse den Kaviar aufstreichen. Die Muschelscheiben mit Olivenöl, Cayennepfeffer, Limonensaft und wenig Meersalz würzen. Zum Schluss kreisförmig mit den Muscheln auf dem Kaviar abschließen.

Variation
Die Jakobsmuscheln können alternativ durch 240 g gebeiztes, mild geräuchertes Stör- oder Lachsfilet ersetzt werden. Die dünn geschnittenen Fischscheiben rund- und rosenförmig auf den Blumenkohlschaum legen und mit Imperialkaviar krönen.

Weintipp Corton-Charlemagne Grand Cru Domaine Bonneau du Martray, Pernand-Vergelesses, Burgund/Frankreich
(siehe Seite 168, Nr. 12)
Weinglastyp: Kräftige Weißweine
Vorher öffnen: 1 Stunde
Dekantieren: ja

Zutaten
für 4 Personen

Mousse de chèvre

1/2 Blatt Gelatine, in kaltem Wasser eingeweicht
250 g Ziegenquark (Mousse de chèvre)
50 ml Olivenöl bester Qualität
50 g geschlagene Sahne
Salz und Cayennepfeffer
Limonensaft

Gemüsepanache

12 kleine Lauchzwiebeln, geputzt und gewaschen
30 g frische, gepulte Zuckererbsen
20 St. Zuckerschoten, geputzt und ohne Fäden
30 g frische Bohnenkerne, ohne Schote
80 g feinste grüne Bohnen, geputzt
2 Minzblätter
12 kleine Karotten mit Grün, gewaschen und geschält
8 kleine weiße Navetten (weiße Rüben), gewaschen, geschält und geviertelt
1 kleiner Kohlrabi, geschält, geviertelt und in 2 mm dicke Scheiben geschnitten
4 EL Traubenkernöl
2 Schalotten, in feine Würfel geschnitten
100 ml Geflügelbrühe
100 ml Himbeervinaigrette (siehe Rezept Seite 161)
100 g kleine Pfifferlinge, geputzt, gewaschen und abgetropft

20 vollreife Himbeeren, halbiert
3 rote Basilikumzweige, gezupft
1/2 Bd. feiner Schnittlauch, in 2,5 cm lange Stücke geschnitten
3 Kerbelzweige, in kleine Blätter gezupft
30 g Haselnüsse, in feine Blättchen gehobelt und goldbraun geröstet
Zucker, Salz und weißer Pfeffer aus der Mühle

4 EL Pesto

Gemüsepanache mit Mousse de chèvre in

Zubereitung
Für das Mousse de chèvre die Gelatine gut ausdrücken und erwärmen. Ziegenquark und Olivenöl dazugeben und glatt rühren. Mit Salz, Cayennepfeffer und Limonensaft abschmecken. Die geschlagene Sahne zugeben und 4 Stunden kalt stellen.

Für das Gemüsepanache die Lauchzwiebeln, Zuckererbsen, Zuckerschoten, Bohnenkerne und grüne Bohnen nacheinander in kochendem, gesalzenem Wasser noch wenig bissfest garen und in Eiswasser abkühlen lassen. Lediglich bei den Zuckererbsen das Kochwasser mit 2 Minzblättern aromatisieren. Die Karotten, Navetten und Kohlrabi in Traubenkernöl mit der Hälfte der Schalottenwürfel farblos getrennt anschwitzen und mit wenig Geflügelbrühe noch leicht bissfest weich dünsten. Alle Gemüse in einer Schüssel mit Himbeervinaigrette kurz vor dem Servieren marinieren und mit Salz und Pfeffer abschmecken. Die Pfifferlinge mit den restlichen Schalottenwürfeln in wenig Traubenkernöl heiß anschwenken und mit Salz, Pfeffer und wenig Limonensaft würzen. Die Pfifferlinge zum Gemüse geben und kurz durchziehen lassen.

Anrichten
Das Gemüse, die Himbeeren und die Pfifferlinge filigran auf 4 Tellern anrichten. Mit den Kräutern und Haselnussblättchen garnieren. Zum Schluss das Mousse de chèvre, mit einem Kaffeelöffel in Nockenform ausgestochen, unregelmäßig zwischen das Gemüse legen und mit wenig Pesto beträufeln.

Weintipp Trittenheimer Apotheke Riesling Spätlese feinherb, Mosel/Deutschland
(siehe Seite 168, Nr. 7)
Weinglastyp: Leichte Weißweine
Vorher öffnen: nein
Dekantieren: nein

Karl Heinz Wolf, der Patron von Landart, ist unter Fachleuten eine Legende. Ohne ihn wäre Deutschland vermutlich immer noch kulinarisches Ödland. Wolf ist gelernter Koch und führte das Prominentenlokal „Chez Loup“ in Bonn. Er galt neben Witzigmann als eines der größten deutschen Kochtalente. Die Qualität der in Deutschland angebotenen Produkte reichte ihm nicht – kurzerhand fuhr er nach Frankreich und besorgte sich das, was er brauchte, aus den Pariser Markthallen im Viertel Rungis. Doch mit dieser Ware war der deutsche Zoll ganz und gar nicht einverstanden: Die Bressehühner und -tauben hatten ja noch Köpfe und Klauen, und für den Loup de mer gab es gar keine Zollnummer. So etwas wollte man nicht nach Deutschland lassen. Letztendlich half ihm die Spedition Danzas, seine Ware doch noch über die Grenze zu bringen.
Wolf gab nicht auf und baute mit Raffinesse und Tricks einen Lieferservice für die gehobene Gastronomie auf. Erst durch ihn gelangten all die Köstlichkeiten wie Perigord Trüffeln, Bretonischer Steinbutt oder Foie gras auf unsere Speisekarten.
Aus diesen Anfängen entstand Deutschlands größter Gourmet Lieferant, das Unternehmen Rungis-Express.
Mittlerweile hat Wolf diesen Lieferexpress verkauft und geht andere Wege. Im Salzkammergut führt er das Unternehmen Landart und eine zweite Firma Weinart. Beide Firmen haben sich uneingeschränkt zu Qualität verpflichtet.

Karl Heinz Wolf, der „Vater“ von Landart, berichtet uns während der beeindruckenden Besichtigung der verschiedenen landwirtschaftlichen Betriebe von der Philosophie seines Unternehmens Landart. Ganz gezielt achtet er auf die Qualität der Produkte. Statt der Produktionsmethoden der Agrarindustrie und statt der Zusammenarbeit mit Großbetrieben setzt er bewusst auf die gute Arbeit von bäuerlichen Familienbetrieben. Hierbei stehen

Landart – Die Kunst vom Land und mit dem Land zu leben

die Abwendung von bäuerlichen Monostrukturen und modernen Produktionsmethoden an oberster Stelle. Die Tiere sollen so natürlich wie möglich aufwachsen. Dabei erhalten sie alles, was ihren Geschmack positiv beeinflusst, ohne Rücksicht auf betriebswirtschaftliche Zwänge. Und selbstverständlich wachsen die Tiere überwiegend im Freien auf, ihr Lebensumfeld entspricht ihren natürlichen Bedürfnissen.
Wolf verzichtet grundsätzlich auf moderne Produktionsmethoden und besinnt sich auf ursprüngliche, kräftige Tierrassen. Diese Rassen werden ansonsten kaum noch gezüchtet, da sie für die Massentierhaltung zu langsam wachsen.
Eine Hoffnung des Initiators von Landart ist die Durchsetzung dieser Produktionsmethoden und dieser Philosophie gegenüber den Massentierhaltungen. Er wünscht den bäuerlichen Familienbetrieben für die Zukunft gesicherte und würdige Existenzen – und den Verbrauchern gute Qualität.

Alois Allinger, der Loisel, leitet das Holzberggut, einen Bergbauernhof am Egelsee. Das Gut ist der produzierende Betrieb von Landart. Hier werden zum Teil die Tiere gezüchtet und verarbeitet, die Joachim Wissler in seiner Küche zubereitet.
Wenn ein so bedeutender Kunde wie Joachim Wissler auftaucht, um einzukaufen, wird natürlich alles aufgefahren, was der Hof zu bieten hat. Pur Porc Salami, Speck, Schinken, Entenconfit und all die anderen Köstlichkeiten aus der Landart Produktion.
Für die Gestaltung dieses Buches erwerben wir Atterhähne und Holzbergenten, Fleisch vom Salzkammergut-Lamm, vom Atterochsen und vom Egelseeer Waldschwein. Auch um die gute Salami wird Joachim Wissler ein Gericht kreieren.

Tatar vom Atterochsen im gelierten Tafelspitzsud,

Zutaten
für 4 Personen

Tatar

250 g	schieres Rinderfilet
20 g	Schalotten, in feinste Würfel geschnitten
15 g	kleine Kapern, fein gehackt
20 g	Cornichons, in feinste Würfel geschnitten
1/4 Bd.	feiner Schnittlauch
1	Mokkalöffel Dijonsenf
10 g	fein gehackte Sardellenfilets
500 ml	Tafelspitzsud

Meersalz aus der Camargue
schwarzer Pfeffer aus der Mühle
Limonen-Olivenöl
Saft von 1 Limone

Kräutercrème

1/2 Bd.	Brunnenkresse, gezupft, gewaschen und geschleudert
1/4 Bd.	Schnittlauch
2	Boretschblätter
1/2 Bd.	Kerbel, gezupft, gewaschen und geschleudert
1/2 Bd.	gezupfte Pimpinelle
1/4 Bd.	Blattpetersilie, gezupft, gewaschen und geschleudert
200 g	Schmand
1 EL	Frischkäse (Philadelphia)
1	Limone
1 TL	Estragonessig

Salz und Cayennepfeffer

Kartoffelblini mit Osietra-Imperialkaviar und Mark

Zubereitung
Für das Tatar schieres Rinderfilet mit einem scharfen Messer in sehr feine Würfel schneiden und anschließend nochmals durchhacken. Man kann sich das Fleisch auch vom Metzger fein wolfen lassen, sollte es dann aber am selben Tag verarbeiten. Sämtliche Rezeptzutaten außer dem Tafelspitzsud dazugeben und vermengen. Mit den aufgeführten Gewürzen sowie Limonen-Oliven-Öl und Limonensaft abschmecken und abgedeckt kalt stellen.

Weintipp Chablis Vaucoupin 1er Cru Domaine Gilbert Picq et ses Fils, Chichée, Burgund/Frankreich (siehe Seite 168, Nr. 12)
Weinglastyp: Kräftige Weißweine
Vorher öffnen: nein
Dekantieren: nein

Für die Kräutercrème alle Kräuter gezupft, gewaschen und trockengeschleudert fein schneiden und mit Schmand und Frischkäse glatt rühren. Je 1 Esslöffel Schmand und Kräuter zum Anrichten verwahren. Mit Salz, Cayennepfeffer, wenigen Tropfen Limonensaft und sehr wenig Estragonessig abschmecken. Ca. 1 Stunde kalt stellen. Den erwärmten Tafelspitzsud in einem Eiswasserbad abkühlen und, kurz bevor er geliert, in kleine, gekühlte Becherformen füllen. Den Sud gleich wieder ausleeren und aufbewahren. Es sollte nun am Becherrand eine 3 mm dicke Schicht geliert sein. Die Becher kurz durchkühlen und das Tatar ohne Hohlräume einfüllen. Den restlichen Sud anderweitig verwenden, z. B. als Tafelspitzsuppe.

weiter auf der nächsten Seite

Tatar vom Atterochsen im gelierten Tafelspitzsud

Zutaten
für 4 Personen

Kartoffelblini

200 g	mehlige Kartoffeln, geschält
30 g	Eiweiß
20 g	frische Butter
45 g	Crème fraîche
40 g	Butterschmalz,
4	Scheiben geräucherter Bauchspeck, 2 mm dick
4	Scheiben Rindermark, ca. 6 mm dick geschnitten
125 g	Imperialkaviar

Salz und weißer Pfeffer aus der Mühle
Muskat

Zubereitung
Die Kartoffeln in Salzwasser weich kochen, abschütten und ausdämpfen. Durch eine Kartoffelpresse drücken und alle Zutaten außer der Crème fraîche dazugeben und mit einer Küchenmaschine 10 Minuten bei erhöhter Geschwindigkeit aufschlagen. Zum Schluss die Crème fraîche kurz unterrühren und abschmecken. Die Masse in einer beschichteten Pfanne mit Butterschmalz in Blinigröße (5 cm Ø) portionieren und im vorgeheizten Backofen bei ca. 200 °C etwa 5 Minuten goldgelb ausbacken. Die Bauchspeckscheiben in einer Pfanne knusprig backen und auf einem Küchenkrepp ablegen. Die Markscheiben in wenig Tafelspitzsud kurz aufkochen.

Kartoffelblini mit Osietra-Imperialkaviar und Mark

Anrichten

Die Tatarbecher kurz in warmes Wasser tauchen, herausstürzen und mit dem zurückbehaltenen Schmand und den Kräuterspitzen garnieren. Auf einem zweiten Teller die Kräutercrème rund auftragen. Den gebackenen Kartoffelblini in die Kräutercrème legen, die heißen Markscheiben abgetropft auf die Blinis geben und mit Imperialkaviar zum Schluss krönen. Die knusprigen Speckstreifen dazureichen.

Der Atterochse

Die Atterochsen wachsen auf den kräuter- und kleereichen Weiden rund um den Attersee auf. Die Kräuter sind entscheidend für das unvergleichlich würzige Aroma des Fleisches. Für den Aufbau der feinen Fettfasern wird heimisches Getreide wie Mais, Weizen und Gerste zugefüttert. Durch diese feinen Fettfasern wird das Fleisch besonders saftig, der Geschmack verdichtet sich. Neben dem Futter ist die Freilandhaltung für die gleichmäßige Verteilung der Fettzellen im Fleisch wichtig. Viel Bewegung verhindert nämlich, dass sich nur eine äußere Fettschicht bildet.

Atterochsen wachsen langsam, erst nach mindestens drei Jahren erreichen sie die Schlachtreife, das ist wichtig für die Aromaentwicklung. Neben dem Fleisch selbst stellt Landart auch luftgetrocknete Salami vom Atterochsen und „Attersee'er, das wahrscheinlich beste Bratwürstchen der Welt" her.

Wadengulasch vom Ochsen mit Essigrübchen und

Zutaten
für 4 Personen

Wadengulasch

1 kg	Gulaschfleisch, vom Oberteil der Ochsenwade, in 4 x 4 cm geschnitten
250 g	Schmorgemüse (Lauch, Sellerie, Zwiebel, wenig Karotte)
50 g	geschälte Tomate (Konserve)
150 ml	Rotwein (Cabernet Sauvignon)
200 ml	Geflügelbrühe (siehe Rezept Seite 165)
2	frische Lorbeerblätter
8	zerdrückte Pfefferkörner
2	geschälte Knoblauchzehen, ohne Trieb
4	zerdrückte Wacholderbeeren
2	Pimentkörner (Nelkenpfeffer)
2	Thymianzweige

Butterschmalz zum Braten
Butter
Salz und Pfeffer

Essigrübchen

1 Bd.	kleine Karotten, geschält
1 Bd.	kleine Navetten, geschält
1	Kohlrabi, geschält
1	gekochte Rote Bete
1	Schalotte, geschält und in feine Würfel geschnitten
60 g	Butter
100 ml	Mineralwasser
1 EL	Zucker
3 cl	Estragonessig
1	Scheibe geräucherter Schweinebauch
1 EL	Dijonsenf
1	Estragonzweig, gezupft und fein geschnitten
20	Scheiben grüner Rückenspeck vom Schwein, in Quadraten, 10 x 10 cm, 2,5 mm dick geschnitten

250 g	gekochte, mehlige Kartoffeln
150 ml	kochende Milch
60 g	Butter
2 EL	kaltgepresstes Olivenöl

Salz, weißer Pfeffer aus der Mühle
geriebene Muskatnuss

Variation
Dieses Schmorgericht kann durch das Vereinfachen der Gemüse in Zeit und Aufwand verkürzt werden, wozu Sie folgende Zutaten benötigen:

2 Bd.	kleine, geschälte Karotten
1 Bd.	junge Schalotten, geputzt und gewaschen
1 Bd.	Lauch

Die schräg in 1 cm lange Rauten geschnittenen Karotten mit Schalottenwürfel in Butter farblos andünsten. Den Lauch in 10–12 cm lange Stücke gekürzt in einem zweiten Topf mit Butter farblos weich andünsten. Das Kartoffelpüree kann auch ohne Speckscheiben, die das Gericht geschmacklich und optisch verfeinern, serviert werden.

Anrichten
Das Gulasch auf 4 Tellern verteilen, das Gemüse leger rundherum legen und das Püree separat servieren.

Kartoffel-Speck-Feuilleté

Zubereitung
Für den Wadengulasch das Gulaschfleisch mit Salz würzen und in Butterschmalz rundherum anbraten. Das Gemüse in einem Schmortopf mit wenig Butterschmalz separat anbraten und die geschälten Tomaten dazugeben. Die Fleischwürfel aus der Pfanne nehmen und das Fett abschütten. Den Bratensatz am Pfannenboden mit Rotwein ablöschen und loskochen. Den Rotwein und die Fleischwürfel auf das Schmorgemüse geben. Geflügelbrühe und alle Gewürze und Kräuter außer des Thymians dazugeben. Mit Aluminiumfolie abgedeckt im Backofen bei 160 °C Ober-/Unterhitze 3 1/2 Stunden weichschmoren. Das Fleisch anschließend aus dem Schmoransatz sortieren und den Rest durch ein feines Sieb passieren. Die Sauce bis zur sämigen Konsistenz reduzieren und mit den Thymianzweigen aromatisieren. Nach 15 Minuten die Zweige herausnehmen und die Sauce mit Salz, Pfeffer und evtl. Rotwein abschmecken. Zum Schluss mit etwas Butter verfeinern und das Fleisch zurück in die fertige Schmorsauce geben.

Für die Essigrübchen die Karotten schräg in 1,5 cm lange Rauten schneiden. Die Navetten halbieren und die Kohlrabi in 3 mm dünne Scheiben schneiden. Die Rote Bete halbieren und in Scheiben schneiden. Die Karotten, Navetten und Kohlrabi mit Schalottenwürfeln in Butter farblos andünsten und mit der Hälfte des Mineralwassers angießen. Den Zucker in einem Topf hell karamellisieren, mit Estragonessig ablöschen und dem restlichen Mineralwasser aufgießen. Die Speckscheibe dazugeben und sirupartig einkochen. 3/4 des Sirups in das fast weiche Gemüse gießen und 1/4 verwenden, um die Rote Bete separat mit wenig Butter darin zu erwärmen. Die Speckscheibe herausnehmen und das Gemüse mit Salz, Dijonsenf und Estragon abschmecken. Die Speckquadrate, zwischen 2 Pergamentpapierblättern in einer Pfanne mit einem kleinen Topf beschwert, im Backofen bei 200 °C Ober-/Unterhitze knusprig backen (ca. 40 Minuten).

Weintipp Merlot Cuvée Alexandre
Casa Lapostolle,
Casablanca Valley/Chile
(siehe Seite 168, Nr. 3)
Weinglastyp: Kräftige Rotweine
Vorher öffnen: 1 Stunde
Dekantieren: nein

Aus den gekochten, heißen, gut ausgedämpften und zerstampften Kartoffeln mit der heißen Milch und der kalten Butter sowie dem Olivenöl ein cremiges, nicht zu flüssiges Püree herstellen. Das Püree mit Salz, Pfeffer und frisch geriebener Muskatnuss abschmecken.

Anrichten
Die knusprigen Speckquadrate diagonal in Dreiecke halbieren und jeweils 5 Dreiecke mit Kartoffelpüree dazwischen aufeinander schichten. Das Gulasch auf 4 Tellern verteilen und die Essigrübchen und Rote Bete rundherum legen. Die Kartoffel-Speck-Feuilleté hochkant daran stellen.

Ochsenschulter in Baroloessig und

Zutaten
für 6–8 Personen

2,5 kg	Ochsenschulter (am besten das Bugblatt)
500 g	Schmorgemüse (Zwiebel, weißer Lauch, Knollensellerie, Tomate, wenig Karotte)
4	Knoblauchzehen, geschält und zerkleinert
70 ml	Baroloessig
200 ml	Rotwein (Barolo bevorzugt)
400 ml	Geflügelbrühe
10 g	frischer, grüner Pfeffer
4	frische Lorbeerblätter
50 g	geschälte Tomaten (Konserve)
100 g	Butter
200 ml	roter, frischer Traubenmost (ersatzweise roter Traubensaft)
1 Pr.	Muskat
6	Scheiben Toastbrot, in feine Würfel von 6 x 6 mm geschnitten
120 g	gewässertes Rindermark, in Würfel von 6 x 6 mm geschnitten
8	Salbeiblätter
4	Treviso-Radicchioköpfe, geputzt, entblättert und lauwarm gewässert
2	Schalotten, geschält, in feine Würfel geschnitten
4	Scheiben geräucherter Schweinebauch, in feine Würfel geschnitten

Saft von 1 Limone
Butterschmalz zum Braten
Salz und weißer Pfeffer aus der Mühle

Anmerkung
Dieses Gericht wird im Originalrezept über 28 Stunden gegart, d. h. die Ochsenschulter wird mit Gemüse, Aromaten und Flüssigkeit nach dem Anbraten der Zutaten im Vakuum bei 72 °C gegart. Da die technischen Voraussetzungen für den Privatgebrauch nicht vorhanden sind, erläutere ich im Nachfolgenden die traditionelle Zubereitung. Das Ergebnis unterscheidet sich von der eingangs erwähnten Methode nicht wie die Nacht vom Tage, aber dennoch deutlich: Das Fleisch ist zarter, schmeckt besser und verliert weniger an Gewicht.

Variation
Schmorgerichte sind in der Zubereitungsdauer nicht abkürzbar, jedoch kann man mit den Gemüsen je nach Marktangebot variieren und die Zubereitung vereinfachen. Neben dem geschmacksintensiven Erlebnis eines Schmorgerichtes besteht der große Vorteil darin, dass man sich in der Zeit des Garens den Beilagen und der Tischkultur widmen kann.
Anstatt einer aufwändigen Gemüsezubereitung harmoniert ebenso Endiviensalat mit Kartoffelpüree dazu.

frischem Pfeffer geschmort, mit gebratenem Treviso-Radicchio in Traubenmost

Zubereitung
Die Schulter mit Salz und Pfeffer würzen und rundherum kräftig anbraten. Das Schmorgemüse mit Knoblauch ebenfalls anbraten und mit 60 ml Baroloessig ablöschen. Die Hälfte des Rotweins, Geflügelbrühe, frischen Pfeffer, Lorbeer und die geschälten Tomaten dazugeben. Nun die angebratene Ochsenschulter auf den Schmorgemüseansatz legen und in einem halbhohen Topf im vorgeheizten Backofen bei 150 °C Ober-/ Unterhitze ca. 4,5–5 Stunden langsam weich schmoren. Das Fleisch regelmäßig drehen und im letzten Drittel der Garzeit mit Butterpapier abdecken. Die weiche Ochsenschulter in Aluminiumfolie einwickeln und das Schmorgemüse durch ein feines Sieb gießen. Die angefangene Schmorsauce mit dem restlichen Rotwein bis zur sämigen Konsistenz einkochen und mit Salz, Pfeffer und Baroloessig abschmecken. Zum Schluss die Sauce mit 40 g Butter verfeinern. Nun das Fleisch in der Sauce im Backofen bei 120 °C nochmals 25 Minuten schmoren und ständig übergießen, bis es seidenmatt glänzt. Den Traubenmost mit etwas Limonensaft um die Hälfte einkochen und mit 30 g Butter verfeinern. Zum Schluss mit Salz, Pfeffer und frisch geriebener Muskatnuss würzen. Die Brotwürfel in einer Pfanne mit 30 g Butter rundherum goldgelb und knusprig backen. Die Markwürfel in kochendem, gesalzenem Wasser kurz überbrühen, kalt abspülen und abtropfen lassen. Die Salbeiblätter in feinste Streifen schneiden. Die gewässerten Radicchioblätter abtropfen lassen, mit Schalotten- und Speckwürfeln in Butterschmalz anbraten und mit Salz und Pfeffer würzen.

Anrichten
Radicchioblätter, Traubenmost, Rindermark und Salbei zusammengeben. Einmal erwärmen und auf 4 Tellern nestartig anrichten. Die Schulter in 8 mm dicke Scheiben schneiden und halb darauf legen. Die Brotwürfel über das Radicchiogemüse streuen und die Sauce dazureichen.

Weintipp Barolo
Enzo Boglietti,
La Morra, Piemont/
Italien
(siehe Seite 168, Nr. 3)
Weinglastyp:
Kräftige Rotweine
Vorher öffnen:
2 Stunden
Dekantieren: ja

Zutaten
für 4 Personen

1	Kinnstück vom Freilandschwein (in Österreich Goderl genannt)
2 g	Kreuzkümmel
500 ml	Geflügelsauce (siehe Rezept Seite 162)
1/2	Salbeizweig
80 g	Butter
2	Schweinekoteletts à 400 g (ca. 4 cm dick)
je 4	Stangen weißer und grüner, geschälter Spargel
100 g	frische, gepuhlte Zuckererbsen
8	kleine, geschälte Fingerkarotten
1 Bd.	Lauchzwiebeln, geputzt und gewaschen
1	Schalotte, geschält und in feine Würfel geschnitten
1	Chicoréekopf
2 EL	Zucker
1 EL	Estragonessig
150 ml	Weißwein (Riesling Auslese)
30 g	geräucherter Schweinebauch
2	frische Lorbeerblätter
1 St.	Sternanis
1/2 Bd.	Koriandergrün, gezupft und geschnitten (Stiele aufbewahren)
200 g	Mousseronpilze oder Pfifferlinge, geputzt, gewaschen und geschleudert
1	Blattpetersilienzweig, gezupft, gewaschen und geschnitten
25	zerstoßene Koriandersamen

Koriandersamen aus der Mühle
Zucker, Butter
Zitronensaft
Salz und weißer Pfeffer aus der Mühle
Puderzucker

Zubereitung
Das Kinnstück auf der Schwartenseite mit einem Messer ca. 6 mm tief rautenförmig einschneiden und mit Pfeffer und Salz würzen. Auf ein tiefes Backblech 1 cm hoch kochendes Wasser gießen. Das Kinnstück mit wenig Kreuzkümmel auf der eingeschnittenen Schwartenseite ins Wasser legen und bei 140 °C mit Umluft ca. 2 Stunden garen. Anschließend wenden und bei 160 °C Oberhitze nochmals 1,5 Stunden knusprig backen. Das ausgetretene Fett abgießen, den Bratensatz mit der Geflügelsauce lösen und 10 Minuten köcheln lassen. Die Sauce mit wenig Salbei aromatisieren und 30 g kalte Butterstücke bis zum Erhalt des gewünschten Geschmacks unterrühren. Die Koteletts in einer heißen Pfanne

Anmerkung
Das geschmorte Kinnstück ist von außergewöhnlichem Geschmack und Zartheit. Jedoch verliert dieses Gericht nicht an Raffinesse ohne Kinnstück, man kann es auch nur mit den Kotelettes zubereiten. Wenn man bei der Zubereitung auf das Kinnstück verzichtet, sollte man es bei anderer Gelegenheit als eigenständiges Gericht zubereiten. Das Gemüsecassoulet kann je nach Zeitaufwand und Marktangebot in der Vielfalt der Gemüse reduziert werden.

vom Freilandschwein mit Gemüsecassoulet in Riesling-Auslese karamellisiert

von beiden Seiten gut anbraten und stehend auf der Fettkante im vorgeheizten Backofen bei 180 °C ca. 18–20 Minuten braten. Den weißen Spargel in Wasser mit Salz, Zucker, Butter und ein paar Tropfen Zitronensaft abgeschmeckt nicht zu weich kochen. Den grünen Spargel und die Zuckererbsen getrennt in gesalzenem, kochendem Wasser 2 Minuten blanchieren und in Eiswasser abkühlen. Die Karotten und Lauchzwiebeln mit der Hälfte der Schalottenwürfel und Butter farblos dünsten und mit Salz und Zucker abschmecken. Den Chicorée entblättern und 1 Stunde in Wasser legen. Den Zucker in einem Topf hell karamellisieren, mit Estragonessig ablöschen und den Rieslingwein aufgießen. Schweinebauch, Lorbeerblätter, Sternanis und zerstoßenen Koriandersamen zugeben und um die Hälfte einkochen. Die Korianderstiele dazugeben und mit 50 g frischen Butterflocken zur sämigen Konsistenz binden. Durch ein feines Sieb gießen und abschmecken. Koriandergrün, Spargel, Erbsen, Karotten und Lauch in den Rieslingsud geben und mit Salz, Pfeffer und Koriandersamen aus der Mühle abschmecken. Die Mousseronpilze in einer heißen Pfanne mit den restlichen Schalottenwürfeln kurz anschwenken, abschmecken und die Petersilie darüber streuen. Die Chicoréeblätter mit Butter kurz anbraten und mit etwas Puderzucker und Salz abschmecken.

Weintipp Pinot Noire
Byron Vineyard & Winery,
Santa Maria Valley,
Kalifornien/USA
(Siehe Seite 168 – Nr. 6)
Weinglastyp: Leichte Rotweine
Vorher öffnen: nein
Dekantieren: nein

Anrichten

Das Gemüse und die Chicoréeblätter filigran in einem großen, tiefen Pastateller mit viel Rieslingsud anrichten. Die Koteletts und das Kinnstück aufschneiden und fächerförmig anlegen. Die Mousseronpilze und wenig Meersalz darüber streuen. Die Sauce dazureichen.

Das Egelseeer Waldschwein

Ganz in der Nähe des Holzberggutes liegt der malerische Egelsee. Hier leben auf großen Weiden Schweine, deren Herkunft auf die alten Rassen *Schwäbisch Hällisch* und *Mauglitzer* zurückzuführen ist. Viel Bewegung, natürliches Futter und eine lange Ausmast führen zu einem Fleisch mit unvergleichlichem Aroma.

Marinierte Steinpilze mit geschmortem Schweinekinn und Radicchio

Zutaten
für 4 Personen

250 g	geputzte, wurmfreie kleine Steinpilze, in 4 mm dicke Scheiben geschnitten
1	Knoblauchzehe, geschält, ohne Trieb und mit Olivenöl püriert
5 EL	kaltgepresstes Olivenöl, insgesamt
1	Schalotte, geschält und fein gewürfelt
3	Scheiben fein gewürfelter geräucherter Bauchspeck
2	Kopf Treviso-Radicchio, entblättert, geputzt und lauwarm gewässert
4 St.	geschmortes Schweinekinn (siehe Rezept Seite 52)
0,1 l	Schmorsauce vom Schweinekinn
1 Bd.	Schnittlauch, gewaschen und fein geschnitten
2	Blattpetersilienzweige, gewaschen, gezupft und fein geschnitten

alter Balsamico
Meersalz aus der Camargue
weißer Pfeffer aus der Mühle
Zitronensaft
Puderzucker

Zubereitung
Die Steinpilze auf ein mit 2 Esslöffeln Olivenöl bepinseltes Backblech nebeneinander legen, mit Meersalz, Pfeffer, Zitronensaft und wenig von dem Knoblauchöl würzen. Die Steinpilze mit Olivenöl beträufeln und im Backofen bei Grillstufe 2 Minuten garen.

Die Schalotten- und Speckwürfel in 1 Esslöffel Olivenöl goldgelb anbraten. Die abgetropften Radicchioblätter dazugeben, wenig anbraten, mit Salz, Zitrone, Pfeffer, Puderzucker und wenig Knoblauchöl würzen.

Das geschmorte Schweinekinn in der Sauce im Backofen bei eingeschaltetem Backofengrill knusprig bräunen und diagonal halbieren.

Anrichten
Die Steinpilzscheiben auf 4 vorgewärmte Teller nach Belieben dekorativ verteilen. Die gebratenen Radicchioblätter und das Schweinekinn dazwischen legen. Den verbliebenen Saft der Steinpilze vom Backblech streifen und mit Schnittlauch, Petersilie, 2 Esslöffel Olivenöl und wenig Balsamico vermischen und über die Steinpilze träufeln.

Weintipp Vosne-Romanée
Domaine Mugneret-Gibourg,
Vosne-Romanée,
Burgund/Frankreich
(siehe Seite 168, Nr. 12)
Weinglastyp: Leichte Rotweine
Vorher öffnen: nein
Dekantieren: nein

Holzberg-Huhn mit gebratenem

Zutaten
für 4 Personen

24	geschälte Perlzwiebeln
1 TL	Zucker
1 Spritzer weißer	Balsamico
2 EL	Olivenöl
1	Thymianzweig
2	Zuckermaiskolben
4	Römersalatköpfe
1	Huhn zu 1,5 kg (aus der Freilandhaltung), küchenfertig vorbereitet und ausgenommen
2	Salbeizweige
2	Schalotten, geschält und in feine Würfel geschnitten
100 g	Butter, insgesamt
60 g	Perigordtrüffel, in feine Würfel von 3 x 3 mm geschnitten
200 g	frische Pfifferlinge, geputzt, gewaschen und abgetropft
2	Blattpetersilienzweige, gezupft, gewaschen und fein geschnitten

Saft von 1 Zitrone
Butterschmalz zum Braten
Salz und weißer Pfeffer aus der Mühle

4 EL	Weißbrotkrumen (alternativ Semmelbrösel vom Bäcker)
200 ml	Geflügelsauce (siehe Rezept Seite 162)

Zubereitung
Die Perlzwiebeln mit 1 Teelöffel Zucker in einem Topf hellbraun karamellisieren, mit wenig Balsamico beträufeln und 2 Esslöffel Olivenöl sowie wenig Salz dazugeben. Den Thymianzweig auf die Zwiebeln legen und den Topf mit Aluminiumfolie fest verschließen. Im Backofen bei 190 °C Ober-/Unterhitze 25 Minuten weich schmoren. Die Maiskolben in leicht gesalzenem Wasser 5 Minuten köcheln lassen und kalt abspülen. Die Maiskörner vom Kolbenstrunk pulen und beiseite stellen. Den Römersalat entblättern und die Herzen längs halbieren. Die äußeren, dunkelgrünen Blätter anderweitig verwenden.

Römersalat und Pfifferlingen

Das Huhn mit Salz und Pfeffer würzen und in Butterschmalz auf beiden Keulenseiten anbraten. Im vorgeheizten Backofen bei 200 °C Umluft 28–30 Minuten auf den Keulen liegend braten. Zwischendurch das Geflügel wenden und zum Schluss den Salbei dazugeben und, auf dem Rücken liegend, nochmals 5–8 Minuten bei reiner Oberhitze (Grillstufe mit 80 % Leistung) knusprig bräunen. Die Zuckermaiskörner mit wenig Schalottenwürfeln in Butter andünsten. Die Trüffelwürfel dazugeben und mit Salz, Zucker und weißem Pfeffer würzen. Die gut abgetrockneten Salatherzen in Butter mit der Hälfte der Schalotten auf der Schnittfläche anbraten und würzen. Das Geflügel in Brust- und Keulenpartien tranchieren. Die Pfifferlinge mit den restlichen Schalotten in einer vorgeheizten Pfanne anschwenken. Mit Salz, Pfeffer und ein paar Tropfen Zitronensaft würzen, dann die fein geschnittene Blattpetersilie darüber streuen.

Weintipp Imperial rot Cuvée aus Pinot Noir, Blaufränkisch, Merlot und Cabernet Sauvignon, Burgenland/Österreich (siehe Seite 168, Nr. 5)
Weinglastyp: Leichte Rotweine
Vorher öffnen: 1 Stunde
Dekantieren: ja

Anrichten

Die gewürzten, gebratenen Salatherzen, Pfifferlinge und das getrüffelte Maisgemüse auf 4 Teller filigran anrichten. Jeweils 1 schräg halbierte Brust und 1 Stück Keule auf jeden Teller legen. Die Perlzwiebeln, mit wenig Geflügelsauce nochmals heiß geschwenkt, leger dazwischenlegen. Zum Schluss die restliche Butter in einer Pfanne zerlaufen lassen, wenig Weißbrotkrumen und Salz dazugeben und über die Salatherzen gießen. Die restliche Geflügelsauce separat reichen.

Milchlammschulter

Zutaten
für 4 Personen

Milchlammschulter

2	Milchlammschultern à 600–800 g
200 g	Schmorgemüse gewürfelt (1/4 Zwiebel, 1/4 weißer Lauch, 1/4 Staudensellerie, 1/8 Tomate)
6	Knoblauchzehen, geschält und ohne Trieb zerkleinert
150 ml	Rotwein (Cabernet Sauvignon)
750 ml	Geflügelbrühe
250 ml	Lammsauce (siehe Rezept Seite 162)
10	geschrotete weiße Pfefferkörner
3	frische Lorbeerblätter
40 g	schwarzes Olivenpüree
1 Bd.	Sariette (wildes Bohnenkraut)

Salz zum Würzen
Olivenöl zum Anbraten

weiter auf der Seite 60

Zubereitung
Die Lammschultern von Sehnen und Häuten parieren, mit Salz und Pfeffer würzen. In Olivenöl von beiden Seiten kräftig anbraten und herausnehmen. Nun das Schmorgemüse mit den Knoblauchzehen in der Pfanne rundherum anbraten. Mit Rotwein ablöschen und etwas einkochen. Die Lammschultern darauf setzen, mit Geflügelbrühe und Lammsauce angießen. Pfefferkörner, Lorbeerblätter und Olivenpüree dazugeben und im Ofen bei 170 °C Ober-/Unterhitze 1 Stunde schmoren. Zwischendurch das Fleisch wenden. Den Schmoransatz durch ein Sieb gießen und um die Hälfte einko-

n Sariette geschmort mit mediterranem Gemüse und Parmesanravioli

chen. Die Schulterstücke mit dem Bohnenkraut im leicht sämigen Schmorfond nochmals 45 Minuten im Ofen bei 130 °C fertig garen und ständig übergießen.
Für das Mediterrane Gemüse die Perlzwiebeln mit wenig Olivenöl sowie etwas Zucker und Salz in einem Topf erhitzen. Sobald der Zucker karamellisiert, mit 1 Esslöffel Weißweinessig ablöschen. Thymian-, Rosmarin- und Basilikumzweig dazugeben und den Topf mit Alufolie verschließen. Im Backofen bei 180 °C ca. 20–25 Minuten je nach Größe des Topfes abgedeckt schmoren. Die Kräuterzweige herausnehmen und mit 2 Esslöffeln Lammschmorsauce verfeinern.

Weintipp Cabernet Sauvignon
Cape Mentelle, Margaret River/Australien
(siehe Seite 168, Nr. 9)
Weinglastyp: Kräftige Rotweine
Vorher öffnen: 1 Stunde
Dekantieren: nein

Die rote und gelbe Paprika sowie die Auberginenwürfel zusammen mit den Schalotten in Olivenöl farblos anschwitzen. Die Zucchiniwürfel und geviertelten Poweraden wie auch den fein gehackten Knoblauch dazugeben. Das Gemüse ca. 8–10 Minuten im Backofen bei 150 °C schmoren. Nun alle restlichen Zutaten dazugeben und abschmecken mit Salz, Pfeffer und altem Balsamico. Zum Schluss wenige Esslöffel der Lammschmorsauce darüber gießen und beiseite stellen.

Die Parmesanravioli in gesalzenem Wasser 3 Minuten al dente kochen. Die Lammschultern vom Knochen lösen.

Anrichten
Die Lammschulter auf 4 Tellern mittig anrichten und das Gemüse darum legen. Perlzwiebeln und Parmesanravioli dazwischen legen. Die Schmorsauce nochmals durch ein feines Sieb passieren und dazureichen.

weiter auf der nächsten Seite

Milchlammschulter in Sariette geschmort mit

Mediterranes Gemüse

12 geschälte Perlzwiebeln
2 cl Weißweinessig
1 Thymianzweig
1 Rosmarinzweig
1 Basilikumzweig
1/2 rote Paprika, geschält und in Würfel von 1 x 1 cm geschnitten
1/2 gelbe Paprika, geschält und in Würfel von 1 x 1 cm geschnitten
1 kleine Aubergine, gewaschen, ohne Kernhaus und in Würfel von 1 x 1 cm geschnitten
2 Schalotten, in feine Würfel geschnitten
1 kleine Zucchini, gewaschen, ohne Kernhaus und in Würfel von 1 x 1 cm geschnitten
6 Poweraden (kleine Artischocken)
8 getrocknete Tomatenviertel (siehe Rezept Seite 166)
20 schwarze, ligurische Oliven, ohne Stein, in Scheiben geschnitten
1 Mokkalöffel fein gehackte Zitronenschale
1 Mokkalöffel gezupfte Thymianblätter
1 EL Blattpetersilie, fein geschnitten
klein gehackter Knoblauch
Zucker
Salz
Olivenöl zum Anbraten
Meersalz
weißer Pfeffer aus der Mühle
alter Balsamico

16 St. Parmesanravioli (siehe Rezept Seite 164)

mediterranem Gemüse und Parmesanravioli

Variation
Ersetzen Sie das mediterrane Gemüse durch 500 g geputzte Schnittbohnen, die in kochendem Salzwasser bissfest gegart und mit Schalotten- und Speckwürfeln in Butter weich gedünstet werden. Als Ersatz für die Parmesanravioli kann auch ein Kartoffelgratin mit Parmesan überbacken serviert werden. Für das Kartoffelgratin 250 g Sahne mit einer zerriebenen Knoblauchzehe, Salz, Pfeffer und geriebener Muskatnuss aufkochen. Eine feuerfeste, 4 cm hohe Form mit Butter einfetten. Die gewünschte Menge Kartoffeln einschichten und mit Sahne knapp bedeckt im Backofen bei 200 °C Ober-/Unterhitze 25 Minuten backen. Vor dem Anrichten 80 g geriebenen Parmesan darüber streuen und mit Grillstufe im Backofen überbacken.

Die Salzkammergut-Lämmer und -Ziegen
Das Mondseeland – so nennt man den Teil des Salzkammergutes, der aus den drei Seen Attersee, Wolfgangsee und dem Namensgeber Mondsee besteht. Auf den nährstoffreichen Wiesen dieser Gegend leben die Salzkammergut-Lämmer. Neben diesen hochwertigen Produkten von Mutter Natur erhalten die Lämmer ausreichend Frischmilch. Dadurch wird ihr Fleisch besonders zart und hocharomatisch, erhält ein nicht zu strenges Lammaroma und einen fein süßlichen, buttrigen Nachgeschmack. Zudem bekommt das Fleisch eine schöne weiße Fettabdeckung.
Die Ziegenherde lebt auf einem wunderschönen Almhügel. Die Zicklein ernähren sich neben dem natürlichen Grünfutter ausschließlich von der Muttermilch.

Variation
Verwenden Sie anstatt des gefüllten Sattelstücks nur Koteletts.
Pro Person 3 Koteletts, die ungefähr 1,5–2 cm dick sind. Die Koteletts in Butterschmalz kurz rundherum anbraten. Eine Seite der Koteletts wie im Rezept beschrieben mit Senf und Schalotten bestreichen. Die Koteletts mit wenig Mehl auf der Senfseite bestäubt in einer beschichteten Pfanne langsam braten. Die beschriebene Gremolata kurz vor dem Servieren über die Fettstreifen gießen. Anrichten wie beschrieben.

Tipp Mit gebratenen Steinpilzen oder Pfifferlingen esse ich dieses Gericht am liebsten.

Zutaten
für 4 Personen

8	Lammkoteletts am Stück
1	Lammsattel mit Knochen, 500 g schwer
100 g	feines Fleischbrät (beim Metzger bestellen)
1	Lammfilet
2 EL	grobkörniger Meauxsenf (alternativ Dijonsenf)
1 TL	Semmelbrösel (beim Bäcker erhältlich)
3	Schalotten, geschält und in feine Würfel geschnitten
10 g	Mehl
250 g	breite, grüne Bohnen, geputzt, ohne Fäden
1	Bohnenkrautzweig, gezupft (Stiele aufbewahren)
60 g	Butter
8	getrocknete Tomatenviertel (siehe Rezept Seite 166)
1 TL	Thymianblätter, fein gehackt
2 TL	Blattpetersilienblätter, fein geschnitten
1	Mokkalöffel Zitronenschale, fein gehackt
1	Knoblauchzehe, geschält, ohne Trieb, fein zerkleinert
	Butterschmalz zum Braten
	Salz, weißer Pfeffer aus der Mühle
200 ml	Lammsauce (siehe Rezept Seite 162)

Zubereitung
Die pergamentartige Haut auf der Fettschicht bei Kotelett und Sattel ablösen. Beim Auslösen des Rückgrates am Sattelstück schneidet man mit einem Messer seitlich zwischen Fleisch und Knochen zum Rückgrat hin entlang. Nun von der anderen Seite her genauso verfahren. Das halb freigelegte Rückgrat wird nun vorsichtig von beiden Seiten am Knochen entlang ganz herausgetrennt, ohne ein Loch in die Fettschicht zu schneiden. Mit einem Messer die Sehnen auf der Fleischseite vorsichtig entfernen und den ausgelösten Lammsattel auf der Fleischseite mit Fleischbrät einstreichen. Das Lammfilet zwischen die beiden Rückenstränge legen und ebenfalls mit Fleischbrät dünn maskieren.

Weintipp Cuvée Paul Sauer
Kanonkop Estate, Stellenbosch/Südafrika
(siehe Seite 168, Nr. 11)
Weinglastyp: Kräftige Rotweine
Vorher öffnen: 2 Stunder
Dekantieren: nein

Kotelett und Sattel vom Milchlamm mit Senf und Schalotten gebraten

Nun die Bauchlappen von beiden Seiten darüber klappen und mit Bindfaden fixieren. Beim Lammkotelett 1/3 des Fettansatzes und die darunter liegenden Sehnen vom Fleisch entfernen. Das Fett auf den Kotelettknochen mit einem Messer rautenförmig 2 mm tief einritzen. In einer Pfanne mit Butterschmalz die Lammkoteletts rundherum heiß anbraten und auf einem Küchenkrepp trockentupfen. Den Senf mit den Brotbröseln vermengen und die angebratenen Lammkoteletts nur am frei liegenden Fleisch entlang mit Senf dünn einstreichen. Die Lammkoteletts auf der maskierten Senfseite in die fein geschnittenen Schalotten drücken und mit wenig Mehl die haftenden Schalotten hauchdünn bestäuben. Den gebundenen Lammsattel in Butterschmalz rundherum heiß anbraten. Das Lammkotelettstück in einer beschichteten Pfanne mit sehr wenig Butterschmalz auf der Schalotten-Senf-Seite behutsam goldgelb anbraten. Beide Pfannen in den vorgeheizten Backofen bei 140°C Ober-/ Unterhitze schieben. Das Kotelettstück ca. 6–7 Minuten auf der Senfkruste braten und anschließend, einmal gedreht, herausnehmen und in der Pfanne am Herdrand ruhen lassen. Das gefüllte Sattelstück 20 Minuten braten und zwischendurch drehen. Die Bohnen schräg in 1 cm lange Rauten schneiden und in kochendem, gesalzenem Wasser mit den Bohnenkrautstielen bissfest weich garen. In Eiswasser abkühlen und abgetropft in wenig Butter mit den restlichen Schalotten und fein geschnittenem Bohnenkraut farblos dünsten. Vor dem Anrichten die getrockneten Tomatenviertel dazugeben und mit Salz und Pfeffer würzen. Die restliche Butter in einer Pfanne mäßig erhitzen, Thymian-, Petersilienblätter, Zitronenschale, Knoblauch, wenig Salz und Pfeffer zugeben. Das gefüllte Sattelstück in der so genannten Gremolata wälzen. Die Fettschicht des Kotelettstückes mit der restlichen Gremolata übergießen und beide Stücke im Backofen mit Grillstufe nochmals etwas bräunen. Beide Stücke aufschneiden und würzen.

Anrichten
Die Bohnen auf 4 Teller verteilen und jeweils 1 Kotelett- und 1 Sattelstück anlegen. Die restliche Gremolata rundherum träufeln und die aufgekochte Lammsauce separat dazureichen.

Zutaten
für 4 Personen

4	Leitzachtaler Ziegenkäse à 70 g
8	Scheiben geräucherter Bauchspeck, 2 mm dünn geschnitten
2	Artischockenböden
100 ml	kaltgepresstes Olivenöl
8	halbe Walnusskerne, in Wasser eingelegt
4	eingelegte schwarze Walnüsse
1/2 Bd.	Rukolasalat, geputzt, gewaschen und abgetropft

Salz und Pfeffer

1/2 Bd.	Schnittlauchspitzen

Meersalz aus der Camargue
weißer Pfeffer aus der Mühle

Honig-Schalotten-Vinaigrette

2	Schalotten, geschält und in feine Würfel geschnitten
6 EL	Traubenkernöl
4 EL	Estragonessig
3 g	Dijonsenf
1/2 EL	Blütenhonig
1 TL	fein geschnittene Thymianblätter

Salz und Pfeffer

Zubereitung
Für die Honig-Schalotten-Vinaigrette die Schalottenwürfel in wenig Traubenkernöl farblos weich dünsten. Estragonessig dazugeben und einmal aufkochen. Dijonsenf, Salz und Pfeffer dazugeben und nach und nach das Traubenkernöl unter die lauwarmen Schalotten rühren. Mit Honig und Thymianblättern verfeinern und 20 Minuten kalt stellen.

Für den Leitzachtaler Ziegenkäse die 4 Käselaibe mit jeweils 1 Speckscheibe umwickeln und mit einem Zahnstocher fixieren und beiseite stellen. Die restlichen Speckscheiben in einer Pfanne,

Leitzachtaler Ziegenkäse mit Artischocken und schwarzen Nüssen

zwischen 2 Pergamentpapierblättern und mit einem Topf beschwert, langsam knusprig backen. Die rohen Artischockenböden in feine, nudelartige Streifen schneiden, in Olivenöl auf 75 °C erwärmen und noch ein wenig bissfest weich garen. Von den eingelegten Walnusskernen die Haut abziehen. Die schwarzen, eingelegten Walnüsse in dünne Scheiben schneiden.

Die Käselaibe mit wenig Olivenöl von den gegarten Artischocken einpinseln und im Backofen mit Oberhitze (Grillstufe) überbacken.

Weintipp Trittenheimer Apotheke, Riesling Spätlese, Mosel/Deutschland (siehe Seite 168, Nr. 7)
Weinglastyp: Leichte Weißweine
Vorher öffnen: nein
Dekantieren: nein

Die Artischocken auf ein Sieb schütten und abtropfen lassen. 1/3 des aufgefangenen Olivenöls unter die Schalottenvinaigrette rühren. Den Rest anderweitig, zum Beispiel für Salate, verwenden. Artischocken, schwarze Walnüsse, Walnusskerne und den Rukolasalat vorsichtig mit der Hälfte der Schalottenvinaigrette marinieren und mit Salz und Pfeffer würzen.

Anrichten

Den Salat als Kranz auf 4 Teller und die 4 Käselaibe in der Mitte anrichten. Zum Schluss mit den knusprigen Speckscheiben und Schnittlauchspitzen vollenden. Die restliche Schalottenvinaigrette, Meersalz aus der Camargue und weißen Pfeffer aus der Mühle dazureichen.

Die Heimat – Schwäbische Alb

Die Schwäbische Alb ist eine ganz eigene Landschaft, die von ihren Tafelbergen geprägt ist. Die Lichtstimmung der Abendsonne lässt alles fast unwirklich erscheinen, es kommen uns Gemälde aus der Romantik in den Sinn. So hätte auch ein Bild von Caspar David Friedrich aussehen können. Und hier ist Joachim Wissler aufgewachsen. Hoch oben auf einem Berg, gegenüber der Burg Teck.

Seine Eltern bewirtschaften hier einen Bauernhof mit 90 Hektar Grundfläche, bis vor einigen Jahren wurde auch noch eine eigene Gaststätte betrieben. Dieses Land und der elterliche „Engelshof" haben Joachim Wissler geprägt. Denn jemand, der oben auf diesen Bergen Landwirtschaft betreibt, muss hart arbeiten: Der Boden ist karg und nicht sehr fruchtbar.

Wer Joachim Wissler schon mal in der Küche erlebt hat, weiß, dass er ein harter und unermüdlicher Arbeiter ist – man bekommt hier in den Bergen eine Ahnung, worin dies wurzelt.

Der Gastronomiebetrieb der Eheleute Heinz und Hertha Wissler war „im Ländle" bekannt für seine gute Qualität. Küchenchefin war Hertha Wissler, ihr mussten alle Kinder helfen. Joachim übernahm sonntags das Anrichten der Salate; Freizeit und sportliche Aktivitäten wie Fußball wurden für den Familienbetrieb geopfert.

Der Vater von Joachim Wissler züchtet Rinder. Es ist gutes Fleisch, was er produziert und über Bioland vermarktet. Seine Rinder sind eine Kreuzung aus Charolais- und Limousin-Rindern. Charolais-Rinder gelten als brav, brauchen aber lange bis zur Ausmast. Nach einem Jahr ist ihr Fleisch noch „blau", es ist noch nicht mit Fettäderchen durchzogen, die durch viel Bewegung und natürliches Futter entstehen. Durch das Einkreuzen der etwas wilderen Limousin-Rinder wird die Fleischausbeute wesentlich verbessert.

Imposant ist der Bulle der Herde: Herold. Wir nähern uns

respektvoll. Aber wir haben es hier mit einem ganz braven Exemplar zu tun, einem ehemaligen Gefängnisinsassen. In einer Ulmer Haftanstalt werden diese Bullen gezüchtet. Die Gefangenen haben Zeit und Muße, sich rund um die Uhr um ihr Vieh zu kümmern. Das Ergebnis sehen wir an Herold. Er ist an Menschen gewöhnt und lammfromm. Heinz Wissler erzählt, dass die Bullen rausgeputzt und gestriegelt sind wie Pferde, wenn sie geliefert werden. Es macht Spaß zu sehen, wenn auch Nutztiere gut behandelt werden.

„Vielleicht", sagt Joachim Wissler, „kehre ich ja einmal hierhin zurück, baue das Restaurant wieder auf und führe die Landwirtschaft weiter." Sicher keine schlechte Idee – für die Schwäbische Alb wäre das eine enorme Bereichung.

Joachim Wissler mit seiner Frau Tanja und Sohn Joshua

Zutaten
für 4 Personen

Rinderfilet in Olivensud

600 g Rinderfilet am Stück ohne Sehnen, küchenfertig vorbereitet
5 EL hochwertiges Olivenöl
300 ml Geflügelsauce (siehe Rezept Seite 162)
2 gewaschene Thymianzweige
2 gewaschene Rosmarinzweige
50 g schwarze Oliven, entsteint und fein gehackt
2 Knoblauchzehen, geschält und klein geschnitten
20 g Schweinebauch
2 Petersilienzweige, gezupft, gewaschen und fein geschnitten
30 g Butter
Salz und Pfeffer aus der Mühle

Kalbsfuß-Pfifferling-Kompott

1 gekochter Kalbsfuß, ausgelöst ohne Knochen
20 kleine Kartoffeln, in der Schale halbfertig gekocht
50 g Butterschmalz
4 St. frische Artischockenböden, in Zitronenwasser gelegt
200 g Pfifferlinge, geputzt und gewaschen
1 Schalotte, in feine Würfel geschnitten
1/2 Bd. Schnittlauch, gewaschen und fein geschnitten
1/2 Bd. Blattpetersilie, gewaschen und fein geschnitten
weißer Balsamico

4 Liebstöckelblätter, gewaschen und fein geschnitten
Butter, Salz und weißer Pfeffer aus der Mühle

Weintipp Laplagnotte-Bellevue
Madame Claude de Labarre
St. Emilion, Bordeaux/Frankreich
(siehe Seite 168, Nr. 4)
Weinglastyp: Kräftige Rotweine
Vorher öffnen: 1 Stunde
Dekantieren: ja

Rinderfilet in Olivensud gedünstet, dazu Kalbsfuß-

Pfifferling-Kompott mit Liebstöckel

Zubereitung

Das Rinderfilet mit Salz und Pfeffer würzen und in der vorgeheizten Pfanne mit einem Esslöffel Olivenöl rundherum anbraten. Die Geflügelsauce in einem Schmortopf aufkochen. Thymian, Rosmarin, Petersilienzweige, die halbe Menge der schwarzen Oliven sowie den Knoblauch und den Schweinebauch in die Geflügelsauce geben. Das Rinderfilet darauf legen und abgedeckt im vorgeheizten Backofen bei 110 °C ca. 45 Minuten garen. Anschließend das Fleisch herausnehmen und die Flüssigkeit um 2/3 einkochen. Das Rinderfilet in Aluminiumfolie wickeln und warm stellen. Den Oliven-Kräuter-Sud durch ein Sieb gießen und anschließend das restliche Olivenöl und 30 g der kalten Butter mit einem elektrischen Mixstab durchmixen. Nun die restlichen Olivenstücke in den Olivensud geben und ebenfalls warm stellen.

Für das Kalbsfuß-Pfifferling-Kompott den Kalbsfuß in einer beschichteten Pfanne von beiden Seiten anbraten und auskühlen lassen. Anschließend in Streifen schneiden. Die Kartoffeln schälen und in wenig Butterschmalz rundherum goldgelb braten, bis sie auch im Kern gar sind. Die Artischocken in gefällige Keile schneiden und mit wenig Olivenöl langsam braten, bis sie weich sind. Beides mit Salz und weißem Pfeffer aus der Mühle würzen. Die Pfifferlinge in einer vorgeheizten Pfanne mit wenig frischer Butter anschwenken. Ebenfalls abschmecken und auf ein Sieb zum Abtropfen gießen. Den Schnittlauch und einen Teil der Petersilie darüber streuen. Die restliche Petersilie über die Artischocken streuen. Kalbsfuß und Pfifferlinge zusammen mit einem Teil des Olivensuds und den Schalottenwürfeln vermengen und mit ein paar Tropfen Balsamico aromatisieren.

Anrichten

Das Rinderfilet in 4 gleich große Medaillons schneiden und auf der Schnittfläche mit Salz und Pfeffer würzen. Das fein geschnittene Liebstöckel über das Kalbsfuß-Pfifferling-Kompott streuen und auf der Tellermitte anrichten. Rinderfilet darauf legen. Artischocken und Kartoffeln gefällig darumlegen. Den restlichen Sud dazuservieren.

Zutaten
für 4 Personen

1	Kalbshaxe ca. 800–1000 g schwer, küchenfertig vorbereitet (beim Metzger bestellen)
150 g	Schmorgemüse (je 30 g Weißes vom Lauch, Staudensellerie, Schalotte, Tomate, Karotte)
3	Knoblauchzehen, geschält und ohne Trieb, zerkleinert
100 ml	Rotwein
300 ml	Kalbssauce
3	frische Lorbeerblätter
4	Majoranzweige, gezupft (die Stiele zum Schmoren verwenden)
1	Zitrone, in Salzlake konserviert, oder die gelbe Schale von 1/2 Zitrone
8	weiße Pfefferkörner
70 g	frische Borlotti-Bohnenkerne (alternativ getrocknete Kerne, 8 Stunden in Wasser eingeweicht)
70 g	grüne, frische Bohnenkerne
1	Schalotte, geschält und in feine Würfel geschnitten
1 EL	geräucherter Schweinebauch, in feine Würfel geschnitten
200 ml	Geflügelbrühe
60 g	getrocknete Tomaten (siehe Rezept Seite 166)
50 g	frische Butter
250 g	breite Bandnudeln (Papardelle)
1 EL	schwarzes Olivenpüree

Salz und weißer Pfeffer aus der Mühle, Limonensaft
Butterschmalz zum Braten

Zubereitung
Die Kalbshaxe mit Salz und Pfeffer würzen und in Butterschmalz rundherum anbraten. Das gewaschene und geschnittene Schmorgemüse und 2/3 des zerkleinerten Knoblauchs dazugeben und ebenfalls rundherum anbraten. Den Rotwein angießen und einkochen lassen. Mit Kalbssauce ca. 2 cm hoch auffüllen, 2 Lorbeerblätter, Majoranstiele, Zitrone und 8 zerdrückte, weiße Pfefferkörner zugeben. Einmal aufkochen und im vorgeheizten Backofen bei 160 °C ca. 3 Stunden schmoren. Während dieser Zeit die Haxe regelmäßig im Ofen wenden und übergießen. Die grünen und weißen Borlotti-Bohnenkerne in kochendem, gesalzenen Wasser 1 Minute garen und in Eiswasser abkühlen. Bei beiden die Haut abziehen.

Kalbshaxe mit Zitronen und Majoran geschmort

Die Borlottibohnen mit den Schalotten- und Schweinebauchwürfeln in wenig Butter farblos andünsten und mit Geflügelbrühe aufgießen. Wenig Salz, 1 Lorbeerblatt und den restlichen Knoblauch hinzugeben und bei gelinder Hitze weich köcheln. Zum Schluss das Lorbeerblatt herausnehmen und mit einer Butterflocke verfeinern. Unmittelbar vor dem Servieren die grünen Bohnenkerne dazugeben und mit Salz, Pfeffer und Limonensaft abschmecken. Die getrockneten Tomaten in das Bohnengemüse geben und bis zum Servieren warm stellen. Die weichgeschmorte Kalbshaxe aus dem Schmorsud nehmen und den Sud durch ein feines Sieb gießen. Nun den Sud eventuell einkochen und mit wenig Butter zur sämigen Konsistenz verfeinern und mit Salz, Pfeffer, wenig Limonensaft und fein geschnittenen Majoranblättern abschmecken. Die Kalbshaxe in der Schmorsauce im Backofen bei 140 °C unter mehrmaligem Übergießen mit Sauce lackartig überglänzen (ca. 30 Minuten).
Die Papardelle in gesalzenem, kochendem Wasser al dente garen und kalt abspülen. Wenig Butter mit dem Olivenpüree in einem Topf erwärmen und die Papardelle darin schwenken.

Anrichten
Das Fleisch mit einem Längsschnitt vom Knochen lösen und in 1 cm dicke Tranchen schneiden. Die Papardelle in der Tellermitte nestartig anrichten. Die Fleischtranchen darauf legen und das Bohnen-Tomaten-Gemüse rundherum anrichten. Zum Schluss das Fleisch mit heißer Sauce übergießen.

Weintipp Bricco Manzoni
Rocche die Manzoni,
Monforte d'Alba,
Piemont/Italien
(siehe Seite 168, Nr. 3)
Weinglastyp: Kräftige
Rotweine
Vorher öffnen: 1 Stunde
Dekantieren: ja

Zutaten
für 4 Personen

200 g	gekochte Kalbskopfmaske (beim Metzger vorbestellen)
50 g	rohes Kalbsbries, in Röschen gezupft
4	Schalotten, in feine Würfel geschnitten
50 g	Blattspinat, geputzt, gewaschen und abgetropft
4	Blattpetersilienzweige, gezupft, gewaschen und fein geschnitten
2 EL	gelbe Staudenselleriеblätter, fein geschnitten
1	Mokkalöffel Dijonsenf
3 cl	Estragonessig
300 g	Nudelteig (siehe Rezept Seite 164)
2	Eigelb zum Einstreichen des Ravioliteiges
200 g	Pfifferlinge, geputzt, gewaschen und abgetropft (Putzabschnitte gewaschen aufbewahren)
2	Scheiben geräucherter Bauchspeck
1/2	geschälte Knoblauchzehe, ohne Trieb
80 g	Butter
500 ml	Geflügelbrühe (siehe Rezept Seite 165)
2 EL	Geflügelsauce (siehe Rezept Seite 162)
4	Kopfsalatherzen, entblättert und gewaschen

Salz, Pfeffer, Muskat zum Abschmecken
Butterschmalz zum Braten
Salz und weißer Pfeffer aus der Mühle

Kalbskopfravioli und Bäckchen mit Pfifferlingen

Weintipp Assmannshäuser Höllenberg, Spätburgunder Spätlese trocken, Rheingau/Deutschland (siehe Seite 168, Nr. 8)
Weinglastyp: Leichte Rotweine
Vorher öffnen: 1 Stunde
Dekantieren: nein

Geschmorte Kalbsbäckchen

4	küchenfertig vorbereitete Kalbsbäckchen
150 g	Schmorgemüse (Zwiebeln, Lauch, Sellerie, Karotten)
75 ml	Rotwein (Cabernet Sauvignon bevorzugt)
2	frische Lorbeerblätter
3	Knoblauchzehen
6	gestoßene Pfefferkörner
2	gestoßene Wacholderbeeren
50 g	geschälte Tomaten (Konserve)
400 ml	Geflügelbrühe
1	Thymianzweig
40 g	Butter
3 EL	Butterschmalz

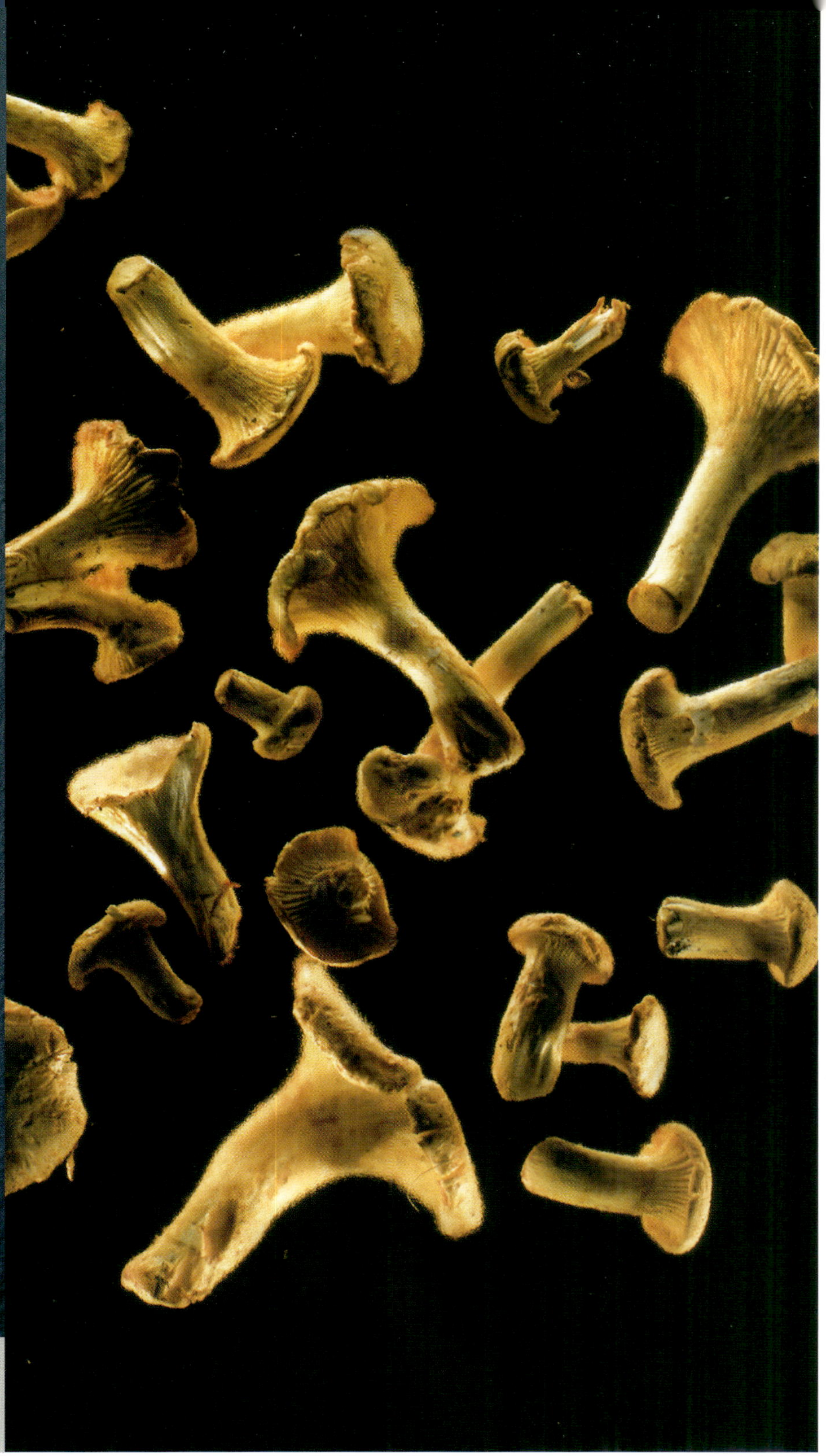

Zubereitung
Den Kalbskopf in Würfel von 6 x 6 mm schneiden. Die Briesröschen in Butterschmalz goldgelb braten und abtropfen lassen. 1/4 der Schalottenwürfel und den Blattspinat in Butter farblos andünsten, mit Salz, Pfeffer und Muskat abschmecken. Den Blattspinat ausdrücken, hacken und mit Kalbskopf und Bries vermengen. Die Hälfte der Blattpetersilie und die Staudensellerieblätter dazugeben. Mit Salz, Pfeffer, Dijonsenf und 2 cl Estragonessig abschmecken. Den ausgerollten Nudelteig in Quadrate zu 8 x 8 cm schneiden und mit Eigelb bestreichen. Die Kalbskopffüllung esslöffelgroß darauf verteilen und die Quadrate diagonal zusammenklappen. Die Ravioli auf einem Pergamentpapier kalt stellen. Die Pfifferlingabschnitte mit der Hälfte der Schalottenwürfel, Speck und Knoblauch in 30 g Butter farblos anschwitzen. Geflügelbrühe und Geflügelsauce dazugeben und einmal aufkochen. Den Pfifferlingsud 20 Minuten ziehen lassen, durch ein Sieb passieren und um 1/4 einkochen. Zum Schluss mit etwas Butter verfeinern und mit Salz, Pfeffer und ein paar Tropfen Estragonessig abschmecken. Die Pfifferlinge mit den restlichen Schalotten und wenig Butter kurz anschwenken. Die Ravioli in Salzwasser oder heller Geflügelbrühe 3 Minuten al dente kochen.

Anrichten
Die Salatherzen, die Pfifferlinge und die restliche Petersilie in die Nage geben und in 4 großen Pastatellern anrichten. Die Ravioli darauf legen und die heißen, geschmorten Kalbsbäckchenscheiben darauf legen.

Tipp Behalten Sie 30 g der Kalbskopfwürfel zurück und streuen Sie diese zum Schluss in die fertige Nage. Dadurch bekommt die Nage eine schöne, sämige Bindung.

Zubereitung
Die Bäckchen würzen und in einem halbhohen Topf mit Butterschmalz rundherum anbraten. Herausnehmen und das Gemüse im Bratenfett anbraten. Den Rotwein zugeben und einkochen. Die Kräuter (außer Thymian), Gewürze und Tomaten sowie die Bäckchen auf das Gemüse legen, mit Geflügelbrühe aufgießen und mit Butterpapier abgedeckt im vorgeheizten Backofen bei 160 °C Ober-/Unterhitze ca. 2,5 Stunden weich schmoren. Anschließend die Schmorsauce durch ein feines Sieb gießen und zur gewünschten Konsistenz einkochen. Zum Schluss den Thymianzweig dazugeben und die Butter unterrühren. Die Bäckchen in der Sauce bis zum Gebrauch aufbewahren.

Tafelspitz vom Milchkalb rosa

Zutaten
für 4 Personen

2 St.	Kalbstafelspitz à 500 g
150 g	Schmorgemüse, in Blättchen zu 1 x 1cm geschnitten (Karotte, Sellerie, Lauch)
300 ml	Kalbssauce (siehe Rezept Seite 162)
3 Bd.	Rübstiel, geputzt, gewaschen und in Rauten zu 2 cm Länge geschnitten; die kleineren, grünen Blätter in feine Streifen geschnitten
2	Schalotten, in feine Würfel geschnitten
20 g	geräucherter Bauchspeck, in feine Würfel geschnitten
200 ml	Geflügelbrühe
20	kleine neue Kartoffeln, in der Schale nicht zu weich gekocht und geschält
80 g	frische Butter
12	geschälte Perlzwiebeln
2	Thymianzweige
60 g	eingeweckte Wintertrüffel (in Feinkostgeschäften erhältlich)
1/2 Bd.	Kerbel, gezupft und gewaschen
1 Msp.	Dijonsenf

Butterschmalz zum Braten
Salz und weißer Pfeffer aus der Mühle
Zucker
Olivenöl
weißer Balsamico
Meersalz

Zubereitung
Den Tafelspitz in Butterschmalz rundherum anbraten. Die Schmorgemüseblätter dazugeben und mit der Kalbssauce aufgießen. Im vorgeheizten Backofen bei 120 °C Ober-/Unterhitze ca. 35 Minuten langsam schmoren. Die Rübstielrauten mit Schalottenwürfeln und Speckwürfeln in wenig Butter farblos dünsten. Die Geflügelbrühe angießen und das Gemüse weich dünsten (ca. 15 Minuten). Die Kartoffeln in einer Pfanne mit Butter gleichmäßig goldbraun anbraten. Rübstiel und Kartoffeln mit Salz und Pfeffer würzen. Die fein geschnittenen Rübstielblätter unter das Gemüse geben und mit Butter ver-

geschmort mit getrüffeltem Rübstiel

feinern. Die Perlzwiebeln mit wenig Zucker in einem Topf karamellisieren, mit weißem Balsamico und Olivenöl beträufeln und 1 Thymianzweig hinzugeben. Mit Aluminiumfolie fest verschlossen 25 Minuten im Backofen bei 170 °C schmoren. Die Trüffel in Scheiben schneiden und zusammen mit den Kerbelblättern unter das Rübstielgemüse schwenken. Zum Schluss das Gemüse mit einer Messerspitze Dijonsenf verfeinern.

Weintipp Volnay St. Francois
Domaine Roblet-Monnot, Volnay, Burgund/Frankreich
(siehe Seite 168, Nr. 12)
Weinglastyp: Kräftige Rotweine
Vorher öffnen: 1 Stunde
Dekantieren: ja

Anrichten

Den Tafelspitz in dünne Scheiben schneiden. Mit Meersalz und Pfeffer würzen. Das Schmorgemüse und die Perlzwiebeln tellermittig anrichten. 2 Fleischscheiben pro Teller darauf legen und das Rübstielgemüse zusammen mit den Kartoffeln gefällig rundherum anrichten. Die Sauce separat dazureichen.

Variation

Man kann dieses Gericht auch mit Kalbsrücken oder der kleinen Nuss aus der Kalbskeule zubereiten, allerdings muss man darauf achten, dass sich die Garzeit bei 600–800 g Kalbsrücken auf 30 Minuten verringert. Anstatt des Rübstielgemüses können auch gedünstete Wirsingblätter wie folgt zubereitet werden:

Die zartgrünen und gelben Blätter eines Wirsingkopfes vom Strunk befreien und in 5 x 5 cm große Stücke schneiden. Den gewaschenen Wirsing mit 50 g Schalotten und 30 g Bauchspeckwürfeln in Butter anschwitzen. Mit 100 ml Gemüsebrühe angegossen, den Wirsing weich dünsten und mit Salz, Pfeffer, wenig Muskatnuss und 1 Messerspitze Dijonsenf abschmecken. Die Wintertrüffeln krönen auch dieses Gemüse, sind jedoch nicht zwingend erforderlich.

Zutaten
für 4 Personen

12	kleine Perlzwiebeln, geschält
1/2	Mokkalöffel Zucker
1 Pr.	Salz
1	Thymianzweig
1	Kalbsniere, küchenfertig geputzt (beim Metzger vorbestellen)
50 g	ausgelassenes Kalbsnierenfett (beim Metzger erhältlich)
100 g	Karotte, Lauch, Staudensellerie, in Blättchen von 1 x 1 cm geschnitten
8	Salbeiblätter, fein geschnitten
4	vollreife, süße Aprikosen
200 ml	Kalbssauce (siehe Rezept Seite 162)
400 g	Salz (für Salzbett)
4	Scheiben Speck
200 g	Pfifferlinge geputzt, gewaschen und abgetropft
1	Schalotte, in feine Würfel geschnitten
50 g	Butter

Saft von 1 Limone
weißer Pfeffer aus der Mühle
Olivenöl
weißer Balsamico

Zubereitung
Die Perlzwiebeln in einem Topf mit einem halben Mokkalöffel Zucker, Olivenöl und einer Prise Salz hellbraun karamellisieren. Mit ein paar Spritzern weißem Balsamico ablöschen, den Thymianzweig dazugeben und mit Aluminiumfolie fest verschlossen im vorgeheizten Backofen bei 170 °C ca. 25 Minuten weich schmoren. Die Kalbsniere in Kalbsnierenfett rundherum anbraten. Das Gemüse dazugeben und 5 Minuten anschwitzen. Niere und Gemüse auf einem Sieb abtropfen lassen. Salbei und geviertelte Aprikosen ohne Stein mit dem Gemüse in ein 3-Liter-Einmachglas füllen, die Niere darauf setzen und mit der aufgekochten Kalbs-

Kalbsniere mit Aprikosen und Salbei im Weckglas geschmort

sauce übergießen. Die Niere im verschlossenen Glas auf einem 3 cm hohen Salzbett im Backofen bei 130 °C Umluft ca. 30 Minuten schmoren, bis sie rosa ist. Niere und Gemüse aus dem Glas nehmen und auf einem Sieb abtropfen lassen. Die abgetropfte Sauce bis zur sämigen Konsistenz einkochen und mit einer Flocke Butter verfeinern. Nun die Sauce über die Niere und das Gemüse löffeln und im Backofen bei 80 °C warm halten. (Die Niere mehrmals mit der Sauce übergießen.) Die Speckscheiben, zwischen 2 Pergamentblättern in einer Pfanne mit einem kleinen Topf beschwert, langsam knusprig backen.

Tipp Als Beilage kommt für mich nur Kartoffelpüree in Frage.

Anrichten

Die Pfifferlinge mit Schalottenwürfeln in Butter anschwitzen und, mit Salz, Pfeffer und Limonensaft gewürzt, auf 4 Tellern kreisförmig anrichten. Die Perlzwiebeln dazwischenlegen. Die Niere in 8 mm dicke Scheiben geschnitten auf dem Gemüse-Aprikosen-Bett in der Tellermitte anrichten. Mit Salz und Pfeffer würzen, die Sauce darüber gießen und mit dem gebratenen Speck garnieren.

Alternativ-Rezept

Lassen Sie die Niere vom Metzger in Röschen oder 1 cm dicke Scheiben vorbereiten. Die Aprikosen vierteln oder sechsteln. Die Gemüseblättchen in Butter farblos weich dünsten. Pfifferlinge wie beschrieben anschwitzen. Die Kalbsniere in wenig Nierenfett oder Butterschmalz rundherum anbraten und anschließend mit Salz und Pfeffer würzen. Die Niere auf ein Sieb gießen und die Sauce mit den Gemüsen, Pfifferlingen, Aprikosen und Salbeiblättern einmal aufkochen. Zum Schluss die Nierenscheiben dazugeben und mit Perlzwiebeln und knusprigen Speckscheiben auf 4 Tellern anrichten.

Weintipp Gevrey-Chambertin Vieilles Vignes, Domaine Sylvie Esmonin, Gevrey-Chambertin, Burgund/Frankreich (siehe Seite 168, Nr. 12)
Weinglastyp: Leichte Rotweine
Vorher öffnen: nein
Dekantieren: nein

Rehkarree mit Hirschmark und Renetten überkrustet, getrüffeltes

Zutaten
für 4 Personen

Rehkarree

30 g	Schalottenwürfel, 2 x 2 mm
20 g	geräucherter Bauchspeck, in Würfel von 2 x 2 mm geschnitten
40 g	Butter, insgesamt
50 g	Hirschmark (ersatzweise Rindermark), in Würfel von 4 x 4 mm geschnitten
30 g	Weißbrotwürfel, 4 x 4 mm
40 g	Apfelwürfel 4 x 4 mm
1/2	Mokkalöffel fein gehackter Rosmarin
1/2 Bd.	Schnittlauch, fein geschnitten
2 St.	fein gehackte Wacholderbeeren
600 g	Rehkarree (Rehkotelett), küchenfertig pariert

Butterschmalz zum Braten
Salz und Zucker
weißer Pfeffer aus der Mühle

Zuckererbsen-Mais-Gemüse

100 g	frische Erbsen, gepult
100 g	frische Maiskörner
1	Schalotte, in feine Würfel geschnitten
1	Minzeblatt
25 g	schwarze Perigord-Trüffeln, in Würfel von 3 x 3 mm geschnitten
30 g	Butter

Salz, Zucker, Pfeffer

Kichererbsencrêpes

175 ml	Wasser
1 EL	Olivenöl
375 g	feines Kichererbsenmehl

Salz und weißer Pfeffer aus der Mühle
Butterschmalz zum Ausbacken

2	Kerbelzweige, gezupft
200 ml	Wildsauce (siehe Rezept Seite 163)

Zuckererbsen-Mais-Gemüse und Kichererbsencrêpe

Zubereitung

Die Schalotten- und Speckwürfel in wenig Butter goldgelb dünsten. Die Markwürfel in kochendem Salzwasser einmal überbrühen und abtropfen lassen. Die Weißbrotwürfel in der restlichen Butter goldgelb und knusprig backen. Die Apfelwürfel mit wenig Zucker in einer beschichteten Pfanne hellbraun karamellisieren. Alle obigen Zutaten sowie die Kräuter und aufgeführten Gewürze miteinander vermengen und abschmecken. Das Rehkarree mit Salz und Pfeffer würzen und rundherum in Butterschmalz anbraten. Im vorgeheizten Backofen wird das Rehkarree bei 180 °C Ober- und Unterhitze jeweils 3–4 Minuten von beiden Seiten gebraten. Das Reh aus dem Ofen nehmen und mit der vorbereiteten Hirschmark-Renetten-Masse auf der Oberseite bedecken. Das Karree bis zum Überbacken im abgeschalteten Backofen bei ca. 52 °C Restwärme aufbewahren. Für das Zuckererbsen-Mais-Gemüse die Erbsen und Maiskörner in kochendem Salzwasser 2 Minuten garen und in Eiswasser abkühlen. Kurz vor dem Anrichten das Gemüse mit den fein geschnittenen Schalotten, dem Minzblatt und den Trüffeln in Butter dünsten und mit Salz, Zucker und wenig Pfeffer würzen.

Weintipp Corton-Bressandes Grand Cru Domaine Chandon de Briailles, Savigny-Les-Beaune, Burgund/Frankreich (siehe Seite 168, Nr. 12)
Weinglastyp: Kräftige Rotweine
Vorher öffnen: 1 Stunde
Dekantieren: ja

Für die Kichererbsencrêpes das Wasser und Öl gemischt unter das Kichererbsenmehl rühren. Würzen mit Salz und Pfeffer und 1 Stunde kalt stellen. Den Teig anschließend in einer beschichteten Pfanne mit Butterschmalz zu dünnen Crêpes goldgelb ausbacken und, mit Aluminiumfolie abgedeckt, warm stellen.

Anrichten

Das Rehkarree im Backofen bei maximaler Grillstufe knusprigbraun überbacken und in Koteletts schneiden. Das Gemüse zum Schluss mit den Kerbelzweigen verfeinern und die Koteletts auf dem Gemüse anrichten. Rehsauce und Kichererbsencrêpes dazuservieren.

Zutaten
für 4 Personen

200 g Hopfensprossen
250 g frische Spitzmorcheln
50 g Butter, insgesamt
3 Schalotten, in feine Würfel geschnitten
1/2 geschälte, fein zerdrückte Knoblauchzehe ohne Trieb
2 cl Sherry Medium
250 g Wildkräuter (Bezugsquelle siehe Seite 168):
Löwenzahn
Wiesenkerbel
Fette Henne
Bronze Fenchel
Weiße Minze
Hirtentäschel
Scharbockskraut
Wilde Brunnenkresse
Pfennigkraut
100 g Tomatenwürfel
250 ml Champagnervinaigrette (siehe Rezept Seite 160)
4 Bd. fein geschnittener Schnittlauch
Meersalz aus der Camargue
weißer Pfeffer aus der Mühle

Zubereitung
Die Hopfensprossen waschen und mit einem kleinen Küchenmesser rundherum die eventuell bräunliche Schale abschaben. Die geputzten Sprossen bis zur Weiterverarbeitung in Wasser aufbewahren. Bei den Morcheln den Stiel abschneiden und eventuell längs halbieren. Die Morcheln mehrmals in kaltem, gesalzenem Wasser waschen, bis sie sandfrei sind. Die Morcheln auf einem Küchenkrepp abtropfen und bei Bedarf mit frischer Butter, einem Drittel der Schalottenwürfel und ein wenig zerriebenem Knoblauch heiß, jedoch farblos, andünsten.

Wildkräutersalat mit Hopfensprossen und Morcheln

Bevor die Morcheln aus der Pfanne genommen werden, mit Sherry, Salz und Pfeffer abschmecken.
Die Wildkräuter putzen, waschen und gut abtropfen lassen. Die Hopfensprossen mit einem weiteren Drittel der Schalottenwürfel in frischer Butter kurz andünsten. Die Sprossen sollten jedoch noch knackig sein. Alle Kräuter in einer großen Keramikschüssel vermengen. Die restlichen Schalottenwürfel sowie die Tomatenwürfel in die Champagnervinaigrette geben. Alle 3 Bestandteile (Hopfensprossen, Morcheln, Wildkräuter) getrennt mit der Vinaigrette anmachen und mit Meersalz und Pfeffer abschmecken.

Anrichten
Die Wildkräuter auf einer flachen Keramikplatte anrichten und die Hopfensprossen mit den Morcheln leger darüber streuen. Den fein geschnittenen Schnittlauch ebenfalls darüber geben.

Tipp Da Hopfensprossen nur 4 Wochen im Jahr Saison haben und schwer erhältlich sind, eignet sich weißer oder grüner Spargel auch sehr gut dazu.

Weintipp Trittenheimer Apotheke
Riesling Spätlese trocken, Mosel/Deutschland
(siehe Seite 168, Nr. 7)
Weinglastyp: Leichte Weißweine
Vorher öffnen: nein
Dekantieren: nein

Es ist 5.00 Uhr früh im Mondseeland. Wir fahren nach Weyregg am Attersee zu den Fischersleuten Josef und Walburga Lechner. Der Metallkahn gleitet bei Sonnenaufgang durch das glatte Wasser zu den Stellnetzen. Diese hat Josef Lechner am Abend zuvor ausgelegt. Heute wollen wir Reinanken fangen – ein Fisch, den wir auch unter dem Namen Felchen kennen.
In jedem See sind die Fische ein wenig anders: Im Vergleich zu den Felchen aus dem Bodensee ist das Fleisch der hier gefangenen Fische feiner und nicht so trocken.
Die aufgehende Sonne lässt die Fische im Netz schon tief unter der Wasseroberfläche glänzen. Das Wasser ist kristallklar, daher müssen die Netze sehr sauber sein und nach jedem Fang gewaschen werden, da die Fische die Netzte ansonsten sehen und nicht hineinschwimmen. Die Netze ragen von der Wasseroberfläche bis in eine Tiefe von 10 Metern. Vom Fischer Lechner erfahren wir, dass der Fangerfolg von vielen Faktoren abhängig ist. Zum Beispiel ist das Fischen bei Vollmond aussichtslos. Warum das so ist? Entweder sehen die Fische durch das Mondlicht die Netze im Wasser oder das Plankton steht tiefer. Plankton ist die Nahrungsquelle der Reinanken und die Fische halten sich immer dort auf, wo sie Futter finden.
Die maximale Tiefe des Attersees liegt circa bei 170 Metern und die Seeufer fallen sehr steil ab. Oft gehen Netze verloren, wenn sie bei Sturm ins tiefe Wasser getrieben und durch ihre eigenen Gewichte zum Grund hinabgezogen wurden.

Netz um Netz wird eingezogen und zum Schluss haben wir gut 6 Kilogramm Reinanken im Korb. Kein schlechter Fang für die Lechners. Uns allerdings erscheint die Beute als rar und so wird auch klar, dass der Fang nur ausgewählten Kunden zugeteilt wird. Aussichtslos für Touristen, direkt etwas beim Fischer zu erwerben. Für diese Kunden hält Josef Lechner ein paar Zuchtforellen bereit, die er in Drahtkörben im See hält. Die guten Reinanken bekommt nur, wer sich als würdig erweist und die Fische auch angemessen zu schätzen weiß.

Je nach Saison wird auch auf den Saibling gefischt. Die häufig vorkommende kleine Art hat sehr feines und zartes Fleisch. Etwa 10 Fische ergeben ein Gewicht von 1 Kilogramm. Seltener wird der Wildfangsaibling gefangen – er ist wesentlich größer und kann bis zu 6 Kilogramm wiegen. In dieser Größe ist auch die Seeforelle ein exquisiter Atterseefisch.
Auf Aale, die ebenfalls im Attersee zu finden sind, wird nicht mehr gefischt. Sie sind ohnehin eine Spezies, die nur durch Besatz in den See gelangt ist. Es gibt hier Exemplare, die gut 70–100 Jahre alt sind.

Zurück an Land werden die Fische sofort geschuppt und ausgenommen. Ein Festmahl für die Lauben, eine Weißfischart, die schon vor Lechners Bootshaus auf die Beute lauern.
Der Fisch wird frisch verkauft oder geräuchert, wobei Fischer Lechner auf angemodertes Buchenholz schwört. Das macht Joachim Wissler neugierig und wir bestellen frische und geräucherte Reinanken. Diese treffen einen Tag später in Joachim Wisslers Küche ein, um zubereitet und fotografiert zu werden.
Bezugsquelle: Landart siehe Seite 168

Die Fischer vom Attersee

Warm geräucherte Reinanke mit Petersilienpüree und Imperialkaviar

Zutaten
für 4 Personen

4	Reinanken à 250 g, ohne Gräten, mit Haut, küchenfertig filetiert (8 Filets)
5	weiße Champignons, gewaschen und zerkleinert
50 g	weißer Lauch, gewaschen und zerkleinert
2	Schalotten, geschält und in feine Würfel geschnitten
1	kleine Petersilienwurzel, geschält und zerkleinert
2	Knoblauchzehen, geschält, ohne Trieb, zerkleinert
1	Lorbeerblatt
2	Wacholderbeeren
250 g	Fischgräten von Süßwasserfischen (beim Fischhändler bestellen)
100 g	Butter
1 Pr.	Zucker
100 ml	Noilly Prat (trockener Wermut)
100 ml	Weißwein
300 ml	Geflügelbrühe
50 g	Sahne
250 g	krause Petersilie ohne Stiele, geputzt und gewaschen (Stiele für die Sauce zurückbehalten)

Saft von 1 Limone
Meersalz aus der Camargue
Cayennepfeffer
geriebene Muskatnuss

Räucherzutaten

40 g	Buchenholzsägemehl
2	Thymianzweige
3	frische Lorbeerblätter
5	zerdrückte Wacholderbeeren
100 g	Osietra-Imperialkaviar

Zubereitung
Für das Petersilienpüree Champignons, Lauch, Schalotten, Petersilienwurzel, Knoblauch, Lorbeerblatt, Wacholderbeeren und Fischgräten in 30 g Butter farblos anschwitzen. Mit Noilly Prat und Weißwein angießen und auf 1/3 einkochen. Die Geflügelbrühe dazugeben und nochmals auf 1/3 einkochen. Die gewaschenen Petersilienstiele und die Sahne dazugeben und 10 Minuten am Herdrand stehen lassen. Anschließend durch ein feines Sieb gießen und 40 g Butter mit einem Küchenmixer (Zauberstab) untermixen. Mit Salz, Cayennepfeffer, wenig Limonensaft und einer Prise Zucker würzen. Die Petersilie in gesalzenem, kochendem Wasser 5 Minuten garen, in Eiswasser abkühlen und gut

ausgedrückt dreimal durch die feinste Scheibe des Fleischwolfes drehen. Die restliche Butter in einem kleinen Topf behutsam erhitzen, bis diese eine haselnussfarbene Bräune bekommt. Sofort das Petersilienpüree dazugeben und glatt rühren. Nun das Püree mit der Hälfte der Sauce verfeinern und mit Salz, Cayennepfeffer, frisch geriebener Muskatnuss und Limonensaft würzen.

Tipp Dieser Fisch ist im Eigengeschmack sehr fein strukturiert, deshalb sollten die Beilagen dieses Gericht nicht überlagern. Neue Kartoffeln esse ich am liebsten dazu.

Räuchern

Das Räuchermehl in einer alten Eisenpfanne mit einem Bunsenbrenner zum Glimmen bringen. Die Kräuter darauf legen und in einen Gartengrill stellen. Die Reinanken, auf Aluminiumfolie liegend, mit dem Grillrost darüber legen und abgedeckt 10–15 Minuten räuchern. Anschließend die Fische auf der Aluminiumfolie im vorgeheizten Backofen bei 70 °C Ober-/Unterhitze ca. 6–8 Minuten glasig garen. Die Haut vorsichtig abziehen und mit Salz, Cayennepfeffer und ein paar Tropfen Limonensaft würzen.

Anrichten

Das Petersiliepüree auf 4 Teller verteilen, die Fischfilets darauf legen und diese mit Kaviar krönen. Die restliche Sauce dazureichen.

Weintipp Blanc de Blanc Clos Mireille
Domaine Ott, Antibes, Provence/Frankreich
(siehe Seite 168, Nr. 11)
Weinglastyp: Kräftige Weißweine
Vorher öffnen: nein
Dekantieren: nein

Variation

Auch dieser Fisch ist im Wildfang etwas Außergewöhnliches und aus diesen Gründen im Handel kaum zu bezahlen. (Bezugsquelle siehe Seite 168). Die Zubereitung dieses Gerichtes ist auch mit Felchen oder Forellen ein Erlebnis. Sehr ambitionierte Fischhändler räuchern auf Wunsch. Dadurch erspart man Zeit bei der Zubereitung, ohne geschmackliche Einbußen. Anstelle des Kaviar kann man auch 250 g geputzte Pfifferlinge mit Schalotten und Butter heiß anschwitzen und dazu servieren.

Zutaten
für 4 Personen

4	Wildsaiblinge, ausgenommen (Bezugsadresse siehe Seite 168)
50 g	Weißes vom Gemüselauch, gewaschen und klein geschnitten
2	Schalotten, in feine Würfel geschnitten
80 g	Butter
0,1 l	Weißwein
8 cl	Noilly Prat (trockener Wermut)
200 ml	Fischfond (Rezept siehe Seite 164)
1	frisches Lorbeerblatt
100 ml	Crème double
1 Bd.	Verveine (Zitroneneisenkraut)
12 St.	junger Zwiebellauch, geputzt und gewaschen
20 St.	Petersilien- oder Spinattortellini
150 g	Mousseronpilze oder Pfifferlinge, geputzt, gewaschen und abgetropft

Saft von 1 Limone
Zucker
Salz
weißer Pfeffer aus der Mühle
Meersalz aus der Camargue
Cayennepfeffer

Zubereitung
Die Saiblinge mit einem Filetiermesser vom Rückgrat zur Bauchhöhle filetieren und mit einer Pinzette die restlichen Gräten ziehen. Nun die Filets, auf der Hautseite liegend, dicht unter der Haut vom Schwanz nach vorne enthäuten. Die Haut, mit einem gleich großen, gebutterten Pergamentpapier abgedeckt, in eine beschichtete Pfanne legen (Pergamentpapier nach oben) und mit einem kleinen Topf beschwert langsam knusprig braten. Die Gräten ohne Kopf, den Lauch und die Hälfte der Schalotten in wenig Butter farblos andünsten. Mit Weißwein und Noilly Prat ablöschen und mit Fischfond auffüllen. Das Lorbeerblatt dazugeben und 15 Minu-

Attersee-Saibling in Verveinearoma mit Zwiebellauch und Mousseronpilzen

ten leicht köcheln lassen. Den Sud durch ein feines Sieb gießen und um 3/4 reduzieren. Die Crème double dazugeben und nochmals 5 Minuten reduzieren. Die Verveineblätter auflegen und mit Meersalz, Cayennepfeffer und wenig Limonensaft abschmecken. Nach weiteren 15 Minuten die Sauce nochmals durch ein Sieb gießen und zum Schluss mit 30 g Butter verfeinern. Die Saiblingfilets mit zerlassener Butter einpinseln und auf einem Blech mit Aluminiumfolie abgedeckt im vorgeheizten Backofen bei 70 °C ca. 12 Minuten glasig garen. Den Zwiebellauch in leicht kochendem Salzwasser 3 Minuten bissfest garen. Im Eiswasser abkühlen und abtropfen lassen. Die Lauchstangen in wenig Butter mit 1 Prise Zucker und Salz weich dünsten. Die Petersilientortellini 4 Minuten in leicht gesalzenem Wasser al dente kochen, in Eiswasser abschrecken und in wenig Butter warm schwenken. Die Mousseronpilze mit der restlichen Butter in einer Pfanne kurz heiß anschwenken und mit Salz und weißem Pfeffer aus der Mühle würzen.

Weintipp Pouilly Fumé Chailloux, Domaine Didier Dagueneau, Saint Andelain, Loire/Frankreich
(siehe Seite 168, Nr. 4)
Weinglastyp: Leichte Weißweine
Vorher öffnen: nein
Dekantieren: nein

Anrichten
Die Saiblingsfilets auf 4 gewärmten Tellern anrichten. Tortellini, Lauchzwiebeln und Mousseronpilze rundherum legen. Die knusprige Haut und die Filets mit Meersalz und Cayennepfeffer würzen. Zum Schluss die Haut auf die Filets legen und die Sauce dazureichen.

Variation
Da dieser Wildsaibling selbst für mich sehr schwer zu beziehen ist, empfehle ich als Alternative Zuchtsaiblinge oder Felchenfilet. In beiden Fällen kann das Verveinekraut auch durch Zitronenmelisse ersetzt werden. Sollte der Zeitaufwand für die selbstgemachten Petersilien- oder Spinattortellini zu groß sein, eignen sich kleine neue Kartoffeln, in der Schale gekocht, geschält und mit gehackter Petersilie bestreut, ebenso gut dazu.

Zutaten
für 4 Personen

500 g	Seeforelle, filetiert ohne Gräten, Tran und Haut
1/2	Schalotte, in feinste Würfel geschnitten
150 g	rohe Steinpilzwürfel, in 4 x 4 mm geschnitten
60 g	frische Strauchtomaten, entkernt, das Fleisch in 4 x 4 mm große Würfel geschnitten
3 EL	Champagnervinaigrette (Siehe Rezept Seite 160)
8	Scheiben geräucherter Bauchspeck, 3 mm dünn geschnitten
4	fein gezupfte Wiesenkerbelzweige
1 Bd.	Schnittlauch, gewaschen, geschleudert und fein geschnitten
60 g	Butter, insgesamt
2 EL	Semmelbrösel
150 g	rohe Steinpilzscheiben, 3 mm dünn geschnitten
4	Scheiben Weißbrot, 4 mm dünn geschnitten
2	Zucchiniblüten mit Frucht
5 EL	kaltgepresstes Olivenöl

Meersalz aus der Carmague
Cayennepfeffer
Limonensaft

Weintipp Grauburgunder Kabinett trocken
Weingut Schloss Proschwitz-Prinz zur Lippe, Sachsen/Deutschland
(siehe Seite 168, Nr. 1)
Weinglastyp: Kräftige Weißweine
Vorher öffnen: nein
Dekantieren: nein

Tatar von Atterseeforelle und Steinpilzen mit

Zubereitung
Die Forelle in Klarsichtfolie gewickelt 1 Stunde im Gefrierschrank anfrieren. Die Hälfte des Fisches in 16 hauchdünne Scheiben, den Rest in Würfel von 4 x 4 mm schneiden. Die Schalotten in wenig Olivenöl farblos andünsten und abkühlen lassen. Fisch-, Schalotten- und Tomatenwürfel vermengen. Mit 2 Esslöffeln Champagnervinaigrette, 1 Esslöffel Olivenöl, Meersalz, Cayennepfeffer und Limonensaft abschmecken. Das Tatar kühl gestellt 30 Minuten ziehen lassen und kurz vor dem Servieren die Steinpilzwürfel und den Wiesenkerbel untermengen. Den Schnittlauch mit 2 Esslöffeln Olivenöl in einem Steinmörser püreeartig zerkleinern, mit Salz, Pfeffer und Limonensaft würzen. Die Speckscheiben zwischen 2 Pergamentpapierblättern in einer Pfanne, mit einem kleinen Topf beschwert, langsam knusprig backen. 40 g Butter in einem Topf erhitzen und die Brösel dazugeben. Die Steinpilzscheiben würzen und nebeneinander auf einem Blech ausgebreitet mit der Bröselschmelze übergießen. Die Weißbrotscheiben in Rechtecke zu 8 x 3 cm schneiden und in der restlichen Butter goldgelb und kross backen. Die Zucchinifrucht längs in dünne nudelartige Streifen schneiden, in kochendem, gesalzenem Wasser 1 Minute garen und in Eiswasser abkühlen. Die in Achtel gezupften Blüten und die Zucchininudeln in der restlichen Champagnervinaigrette marinieren und würzen. Die Weißbrotcroûtons mit den Fischscheiben belegen und würzen.

Anrichten
Die Steinpilzscheiben im Backofen mit Grillstufe überbacken und auf 4 großen Tellern leger am Rand entlanglegen. Das Tatar mit den marinierten Zucchini mittig anrichten und zum Schluss mit Speckscheiben krönen. Das Kräuterpüree rundherum träufeln und die warmen Fischcrostini separat servieren.

Bachkrebse mit

Zutaten
für 4 Personen

40	lebende Bachkrebse à 30–40 g
1/2	Mokkalöffel Fenchelsamen
100 g	Fenchel, gewaschen und zerkleinert
100 g	weiße Champignons, in Scheiben geschnitten
2	Schalotten, geschält und zerkleinert
2	geschälte Knoblauchzehen, ohne Trieb
80 g	Butter
4 cl	Cognac
100 ml	Noilly Prat (trockener Wermut)
2	vollreife, zerkleinerte Strauchtomaten
1	Thymianzweig
100 g	Wurzelgemüse, in feine Würfel geschnitten (Lauch, Karotte, Sellerie)
1 Bd.	Brunnenkresse, gezupft, gewaschen und geschleudert
26 St.	frische Mandelkerne
50 ml	Champagner zum Abschmecken

Meersalz aus der Camargue
Cayennepfeffer
Limonensaft

Zubereitung
Die lebenden Krebse in kochendem Wasser mit den Fenchelsamen 20 Sekunden abkochen und in Eiswasser abkühlen. Die Krebsschwänze und -scheren vom Körper abdrehen und mit einer Küchenschere vorsichtig auftrennen. Das Fleisch aus Schwanz und Scheren nehmen und den Darm entfernen. Die Innereien aus dem Rumpf entfernen und den Panzer mit einem Steakklopfer oder Ähnlichem zerkleinern. Fenchel, Champignons, Schalotten und Knoblauchzehen mit den zerkleinerten Krebspanzern in 30 g Butter farblos anschwenken. Mit Cognac und Noilly Prat

Brunnenkresse

ablöschen. Tomaten und Thymianzweig dazugeben und mit Wasser zu 2/3 bedecken. Einmal aufkochen und ca. 30 Minuten am Herdrand ziehen lassen. Nun den Krebssud durch ein feines Sieb gießen und gut abtropfen lassen. Die Flüssigkeit um 80 % einkochen und mit Salz, Cayennepfeffer und Limonensaft abschmecken. Kurz vor dem Anrichten wird der Sud mit Butter und wenig Champagner verfeinert. Das Wurzelgemüse in wenig Butter weich dünsten und zusammen mit der fein geschnittenen Brunnenkresse in den Krebssud geben.

Anrichten

Das Krebsfleisch nun im Sud, der so genannten Nage, erwärmen und in einem Suppenteller mit viel Flüssigkeit und den frischen Mandelkernen servieren. Eventuell noch ein wenig Meersalz darüber streuen.

Anmerkung

Man bekommt inzwischen auch Bachkrebse ausgebrochen in der Lake, die jedoch soweit gegart sind, dass sie für dieses Gericht nicht zu empfehlen sind. Des Weiteren benötigt man Panzer und Karkassenteile für den aromatischen Sud, der dieses Gericht erst zum Erlebnis werden lässt. Aus diesen Gründen kann ich nur eine Zubereitung mit den beschriebenen Zutaten empfehlen.

Weintipp Roero Arneis Bruno Giacosa, Neive, Piemont/Italien (siehe Seite 168, Nr. 6)
Weinglastyp: Leichte Weißweine
Vorher öffnen: nein
Dekantieren: nein

Aus der Bretagne kommt der beste und edelste Fisch. Der Loup de mer, der Steinbutt oder der grimmige Seeteufel, auch die Schalen- und Krustentiere aus dieser Gegend sind von höchster Qualität. Wer liebt nicht die Belon-Austern, den zarten bretonischen Hummer oder den Kaisergranat, der im Mittelmeer als Langustine bezeichnet wird.

Wir sind auf dem Weg dorthin, um mit einem Fischer hinaus auf den Atlantik zu fahren und den Fang mitzuerleben. Die *Solo* ist eines der kleinen Fangboote in Loctudy, einem kleinen Seehafen in der Südbretagne. Die Fischer hier und in den Nachbarhäfen fangen vornehmlich Kaisergranat. 2/3 des gesamten französischen Fangs werden an diesem Küstenstreifen angelandet.

Es ist 5 Uhr morgens, dunkel und kalt, obwohl es Mitte August ist. Die *Solo* tuckert langsam aus dem Hafen, vorbei an den vorgelagerten Leuchtfeuern und Felseninselchen. Die Nacht ist sternenklar, wir frieren, obwohl wir wetterfest gekleidet sind, und vertreiben uns die Zeit mit dem Zählen von Sternschnuppen. Wir sind gut 2 Stunden gefahren und es ist jetzt kein Land mehr in Sicht. Auf dem Meer nur das Leuchten der anderen Fischkutter. Es geht los. Der Kapitän drosselt die Geschwindigkeit auf 5 Knoten. In diesem Tempo wird geschleppt. Die Motorwinden werden in Gang gesetzt. Ketten rasseln, die Scherbretter, die später unter Wasser die Netze offen halten, gleiten hinab. 2 Netze nebeneinander aufgerollt werden über das Heck zu Wasser gelassen. Das Ganze hängt an dicken Stahlseilen, die unser Fanggerät hinab in die Tiefe gleiten lassen. Gefischt wird kurz über dem Grund in 75 m Tiefe. Wir sind gespannt, was wir alles zu Tage fördern werden. Steinbutt wird sicher nicht dabei sein, denn der lebt in tieferem Wasser, ein paar Fahrtstunden weiter draußen.

Doch jetzt kehrt erst mal wieder Ruhe ein. Das Netz wird nun gut 2 Stunden getrawlt, bevor wir es einholen.

Der große Moment. Das Netz wird eingeholt. Man sieht der Motorwinde die harte Arbeit förmlich an. Der Sterz, das Ende des Netzes, wird an Bord gehievt. Die Fische zappeln. Thierry öffnet das Netz und der Fang fällt in die darunter stehenden Wannen. „Ein schlechter Fang“, sagt der Bootsmann und auch unser Kapitän schaut nicht gerade glücklich. Zunächst werden

Auf der Jagd nach den edelsten Fischen der Welt

die Netze für den nächsten Fang wieder ins Wasser gelassen. Nun wandert Wanne für Wanne auf den Sortiertisch. Von unserem ersten Fang sind, nach Ermessen der Schiffsbesatzung, gut 2/3 unbrauchbar. Wir wundern uns ein wenig, denn das, was da zum Teil ins Wasser zurückgeht, ist unserer Meinung nach gut zu verwenden. Die Fischer hier sind verwöhnt. Natürlich sind viele Fische zu klein und die Seespinnen sind zu dieser Jahreszeit leer. So heißt es dann für viele zurück in die Freiheit. Einige haben jedoch nicht überlebt. Sie werden zum Festmahl für die Möwen, die sich zu Hunderten um das Boot versammeln, sobald das Netz hochgehievt wird.

Der erste Fang liefert 2 Körbe voll Kaisergranat, die nach 2 Größen sortiert werden. Einige Katzenhaie, 2 Loup de mer, einige etwas zu kleine Saint Pierre und ein paar Taschenkrebse, Seezungen und reichlich Wittling, atlantische Makrelen, alles andere wandert ins Meer zurück. Die Artenvielfalt ist faszinierend, der Reichtum an unterschiedlichen Krebsarten und Fischen ist enorm. Kleine Conger, Rotzungen, Loup de mer und dorschartige Fische entdecken wir. Darunter eine Spezies, die uns unbekannt ist. Vom Kapitän erfahren wir, dass der „rote Aal", eine Roussette ist. Er hat viele Gräten, darum landet er in Frankreich zumeist in den Bouillabaisse-Töpfen. Der Stöcker, eine Makrelenart, ist am häufigsten vertreten.

Ich frage Joachim Wissler, wie er ihn zubereiten würde. „Am besten beizen oder als Sashimi, roh mariniert". Entfernt man die Fettschicht unter der Haut, erhält man ein feines Filet. „Nein, der ist nicht zum Essen", sagt Thierry, „den verkaufen wir nur an andere Fischer. Die nutzen ihn dann als Köder für ihre Hummerfallen." Eine exzellente letzte Mahlzeit für die Krebse, denke ich.

Die Fische werden an Bord direkt ausgenommen, die Krebse werden in Körben unter fließendem Wasser gehalten und lebend angelandet.

An diesem Tag werden die Netze viermal zu Wasser gelassen. Der zweite Fang war sehr gut. Das Verhältnis von Kaisergranat zu Fisch war hoch, und der Krebs bringt im Moment den besten Preis. So sind unsere Fischer am Ende doch noch zufrieden.

Langustinencroustillon mit grünem Tomatenchutney, Koriander und frischen Mandeln

Zutaten
für 4 Personen

4	Langustinen à 150–180 g
8–10	grüne Tomaten, geschält und geviertelt (Saft aufheben)
4	vollreife Tomaten, püriert und in einem feinen Sieb abgetropft (Saft aufheben)
1	weiße Zwiebel, geschält und in Streifen zu 3 cm Länge geschnitten
2 EL	Olivenöl
4 EL	Zucker
30 ml	weißer Balsamico
1/2	Vanilleschote
2	frische Lorbeerblätter
40 g	geräucherter Schweinebauch
1 TL	geschrotete Koriandersamen
2	Sternanis
1/2 Bd.	Koriandergrün, gezupft, gewaschen und geschleudert
1 TL	frischer Ingwer, geschält und fein zerkleinert
1	Mokkalöffel Dijonsenf
2	Knoblauchzehen ohne Trieb, geschält und fein zerkleinert
80 g	frische Butter
2	große, mehlige Kartoffeln, geschält
2	Eiweiß, zu Schnee halb aufgeschlagen
2 l	Pflanzenöl zum Frittieren
32	frische Mandelkerne

Saft von 1 Limone
Meersalz
Cayennepfeffer

reduzierter Krustentierfond (siehe Rezept Seite 164)

Weintipp Veuve Clicquot
La Grande Dame,
Champagne/Frankreich
(siehe Seite 168, Nr. 9)
Weinglastyp: Schaumweine
Vorher öffnen: nein
Dekantieren: nein

Zubereitung
Die Langustinenschwänze vom Körper abtrennen und den Panzer der Schwänze an der Unterseite mit einer Küchenschere vorsichtig auftrennen. Das Fleisch vorsichtig herausnehmen und den Darm durch einen Schnitt am Schwanzende herausziehen. Die Langustinen im Frostschrank ca. 30 Minuten anfrieren. Die Körper und Scheren für die Langustinenjus verwenden. Die grünen Tomatenviertel vom Kernhaus trennen und nochmals quer halbieren. Das Kernhaus kurz pürieren und auf die pürierten, roten Tomaten geben. Die Zwiebeln in wenig Olivenöl farblos glasig dünsten. Den Zucker in einem flachen Topf hell karamellisieren, mit Balsamessig ablöschen und dem abgetropften roten und grünen Tomatensaft aufgießen. Vanilleschote, Lorbeerblätter, Schweinebauch, Koriandersamen, Sternanis sowie die Stiele des Koriandergrüns dazugeben und um 50 % einkochen. Die grünen Tomatenstücke, den Ingwer, den Dijonsenf und wenig Knoblauch auf die Zwiebelstreifen geben. Den eingekochten Fond durch ein Sieb auf die Tomatenstücke gießen und bei mäßiger Hitze etwa 20 Minuten kochen. Zum Schluss mit Meersalz, Cayennepfeffer, Limonensaft, evtl. Zucker abschmecken und mit Butter verfeinern. Kurz vor dem Anrichten das geschnittene Koriandergrün dazugeben. Die rohen Kartoffeln in 2 mm dünne Scheiben schneiden und diese wiederum in Streifen zu 8–10 cm Länge und 3 mm Breite. Die Kartoffeln in einem Küchentuch gut ausdrücken und zu 4 nestartigen Häufchen formen. Die Langustine mit Cayennepfeffer und wenig Limone würzen. Durch das angeschlagene Eiweiß ziehen und in die Kartoffelnester legen. Die Langustine, rundherum mit den Kartoffelstreifen eingepackt, im Fettbad bei 160 °C ausbacken. Die Kartoffelstreifen müssen goldgelb und knusprig sein (ca. 2,5–3 Minuten). Auf einem Küchenkrepp die so genannte Croustillon abtropfen lassen und mit Salz würzen.

Anrichten
Das Tomatenchutney mit den frischen Mandelkernen verfeinert in der Tellermitte anrichten und die Langustinen darauf setzen. Den reduzierten Krustentierfond separat dazureichen.

Langustine und Aprikosenraviolo mit Pfifferlingen und frischen Mandeln

Zutaten
für 4 Personen

4	Langustinen
2	reife Aprikosen
2 EL	Zucker
100 g	Butter
100 ml	Riesling
1/4	Vanilleschote
2	gezupfte Salbeizweige
1 kl. Bd.	Zitronenthymian, gezupft
4	Scheiben geräucherter Bauchspeck, 2,5 mm dick geschnitten
100 g	kleine Pfifferlinge, geputzt und gewaschen (Putzabschnitte aufbewahren)
2	Schalotten, geschält und in feine Würfel geschnitten
100 ml	Geflügelbrühe
150 g	frische Mandeln
120 g	Nudelteig auf 0,8 mm dünn ausgerollt (siehe Rezept Seite 164)
1	Eigelb
1 EL	Olivenöl

Saft von 1/2 Limone
Salz und weißer Pfeffer aus der Mühle
Cayennepfeffer
gestoßenes Meersalz

Zubereitung

Die Aprikosen halbieren und den Kern entfernen. Den Zucker in einem Topf hellbraun karamellisieren, 40 g Butter zufügen und mit Riesling ablöschen. Die Vanilleschote, die Hälfte von Salbei und Zitronenthymian dazugeben und auf eine sämige Konsistenz einkochen. Die Aprikosen mit der Schnittfläche nach unten in einen weiteren Topf geben.

Den Karamellsud darüber passieren. Anschließend den Topf mit Aluminiumfolie dicht verschließen und im vorgeheizten Backofen bei ca. 200 °C ca. 12–15 Minuten weich dünsten. Danach die Haut der Aprikosen abziehen und auf einem Küchenkrepp 2 Stunden kalt

stellen. Die Speckscheiben auf einen gleich großen Streifen Backpapier einzeln legen und knusprig backen. Die gewaschenen Pfifferlingabschnitte mit 1/4 der Schalotten und 20 g Butter farblos anschwitzen. Mit Geflügelbrühe angießen und 20 Minuten um die Hälfte langsam reduzieren. Durch ein feines Sieb in einen kleinen Topf passieren. 20–30 g Butter bei kleiner Hitze auf dem Herd einrühren und beiseite stellen. Die Pfifferlinge kurz vor dem Servieren mit der restlichen Butter und den restlichen Schalotten in einer Pfanne kurz farblos anschwitzen und in den Pfifferlingsud geben. Zum Schluss mit Salz, weißem Pfeffer aus der Mühle und ein wenig Limonensaft würzen. In die kalt gestellten Aprikosenhälften wird jeweils 1 Mandelkern gelegt. Die eine Hälfte des dünn ausgerollten Nudelteigs mit Eigelb bepinseln, die Aprikosen mit der Schnittfläche nach unten darauf legen und die zweite Hälfte darüber legen. Den Teig gut andrücken und ausstechen. In kochendem, leicht gesalzenem Wasser 3 Minuten garen. Die Ravioli direkt aus dem Salzwasser in den zurückbehaltenen Aprikosen-Schmorsud legen und damit übergießen. Die Langustinen mit Cayennepfeffer würzen und in Olivenöl bei mittlerer Hitze 3 Minuten auf beiden Seiten braten. Anschließend mit gestoßenem Meersalz würzen. Zum Schluss den Rest der gezupften Zitronenthymianblätter, des fein geschnittenen Salbeis und die restlichen Mandelkerne zu den Pfifferlingen geben.

Weintipp Private Bin-Vat 1 Semillon, Tyrrell's Wines, Hunter Valley/Australien (siehe Seite 169, Nr. 9)
Weinglastyp: Kräftige Weißweine
Vorher öffnen: 1 Stunde
Dekantieren: nein

Anrichten

Pfifferlinge in einen großen, tiefen Teller geben, den Aprikosenraviolo darauf anrichten und den Speckstreifen stehend dahinter stellen. Die Langustine in den Speckreif legen.

Steinbutt und Langustinen auf Koriander-Zwiebel-Fondue mit

Zutaten
für 4 Personen

4	Steinbuttfilets zu je 100 g
12	Langustinenschwänze, aus dem Panzer gelöst
300 ml	Geflügelbrühe
1	Sternanis
1	Kardamomsamen
20 g	frische, geriebene Kurkumawurzel
1	weiße Haushaltszwiebel, geschält
40 g	Butter, insgesamt
4 cl	Noilly Prat (trockener Wermut)
4 cl	Weißwein
35 g	geschlagene Sahne
1/2 Bd.	Koriandergrün, gezupft und geschnitten

Olivenöl zum Braten
Meersalz aus der Camargue
Butter
Cayennepfeffer
Limonensaft

400 ml	Krustentierfond (siehe Rezept Seite 164)

Couscous

300 ml	Geflügelbrühe
1	Scheibe geräucherter Bauchspeck
100 g	Couscous
35 g	Butter
1	Schalotte, geschält und in feine Würfel geschnitten

Limonensaft
Salz
Cayennepfeffer

Zubereitung

Die Steinbuttfilets rundherum in Olivenöl anbraten. Die Därme der Langustinen entfernen und jeweils 3 Langustinen auf ein Steinbuttfilet legen. Die Steinbuttfilets beiseite stellen.

Die Geflügelbrühe mit Sternanis, Kardamomsamen, Kurkumawurzel um 3/4 einkochen und durch ein feines Sieb gießen. Die Zwiebel in 3 cm lange Stifte schneiden und in 20 g Butter farblos andünsten. Mit Noilly Prat und Weißwein angießen. Die Gelbwurzel-Geflügelbrühe dazugeben und bis zur sämigen Konsistenz einkochen. Abschmecken mit Salz, Cayennepfeffer und Limonensaft. Kurz vor dem Anrichten mit der restlichen Butter, geschlagener

Weintipp Sauvignon Blanc Zieregg, Steiermark/Österreich (siehe Seite 168, Nr. 13)
Weinglastyp: Kräftige Weißweine
Vorher öffnen: 1 Stunde
Dekantieren: ja

Couscous

Sahne und fein geschnittenem Koriandergrün verfeinern. Die Steinbutt-Langustinenfilets im vorgeheizten Backofen bei 180°C Ober-/ Unterhitze ca. 8 Minuten glasig garen. Den Krustentierfond um 80–90 % reduzieren und mit Butter verfeinern bis zur gewünschten Konsistenz.

Für das Couscous die Geflügelbrühe mit der Speckscheibe aufkochen und mit Salz und Cayennepfeffer würzen. Das Couscous mit wenig Butter und der Schalotte farblos andünsten. Die Geflügelbrühe aufgießen und am Herdrand quellen lassen. Das noch körnige, aber weiche Couscous mit der restlichen Butter und wenig Limonensaft verfeinern.

Anrichten
Die Steinbutt-Langustinenfilets mit dem sämigen Krustentierfond übergießen. Auf 4 Tellern das Koriander-Zwiebel-Fondue mittig anrichten und den Fisch darauf setzen. Das Couscous dazureichen.

Variation
Das Steinbuttfilet ist durch Heilbuttfilet oder Seeteufel zu ersetzen, die Langustinen durch frische oder aufgetaute Garnelen. Braten Sie die Fischfilets oder Seeteufelmedaillons in Olivenöl auf beiden Seiten je nach Stärke 3 Minuten. Nehmen Sie pro Person 2–3 Garnelen, lösen Sie die Panzerschale ab und entfernen Sie den Darm durch einen Längsschnitt. Die gewürzten Garnelen in Olivenöl rundherum anbraten, bis sie in der Konsistenz glasig sind. Die Garnelen aus der Pfanne nehmen. Geben Sie ca. 80 g Hummer- oder Krebsbutter mit 2 cl Noilly Prat und 2 Esslöffeln Geflügelbrühe in die Pfanne der Garnelen und lassen Sie diese unter ständigem Rühren sämig einköcheln.

Anrichten
Den Fisch wie beschrieben anrichten. Die Garnelen in der Krebsbutter warmschwenken und rundherum auf das Couscous setzen. Durch die verwendete Krustentierbutter erspart man sich das Zubereiten eines Krustentierfonds.

Saint Pierre in Limonen-Olivenöl pochiert, Borlotti-Bohnen-Cassoulet und Strauchtomatenju

Zutaten

für 4 Personen

100 g	frische Borlotti-Bohnen, ohne Schote
1	Knoblauchzehe ohne Trieb, geschält und zerkleinert
20 g	geräucherter Schweinebauch
1	Schalotte, in Würfel geschnitten
0,2 l	Geflügelbrühe
1	Lorbeerblatt
40 g	Gemüse (Staudensellerie, weißer Lauch, Karotte), in Würfel von 3 x 3 mm geschnitten
1	Thymianzweig
800 g	Saint Pierre, filetiert und ohne Haut
250 ml	kaltgepresstes Olivenöl
100 ml	Limonen-Olivenöl
40 g	Butter

Salz, Cayennepfeffer

Limonensaft

Öl zum Anbraten

100 ml	Strauchtomatenjus (siehe Rezept Seite 165)

Meersalz aus der Camargue

Zubereitung
Die Bohnen in kochendem Salzwasser 5 Minuten garen und in Eiswasser abkühlen. Die äußere Haut abziehen und die Bohnen in wenig Olivenöl mit Knoblauch, Bauchspeck und Schalotten farblos anschwitzen. Die Geflügelbrühe, Lorbeerblatt und wenig Salz zugeben. Bei gelinder Hitze weich kochen (ca. 30 Minuten). Nach 20 Minuten die Gemüsewürfel und den Thymianzweig dazugeben. Die Kräuter und den Speck aus den weichen Bohnen nehmen. Zum Schluss mit Salz, Cayennepfeffer und Limonensaft würzen und mit Butter verfeinern. Den Saint Pierre in 4 gleich große Stücke zerteilen. Beide Öle in einem Topf auf 68 °C erwärmen und die Filets darin glasig garen (ca. 4–5 Minuten).

Anrichten
Die Filets auf einem Küchenkrepp abtropfen, mit Meersalz würzen und auf dem Bohnen-Cassoulet anrichten. Die Tomatenjus rundherum angießen.

Weintipp Chardonnay L'Altro,
Pio Cesare, Alba,
Piemont/Italien
(siehe Seite 168, Nr. 6)
Weinglastyp: Kräftige Weißweine
Vorher öffnen: 1 Stunde
Dekantieren: nein

Seezunge in Kapern-Limonen-Jus mit Kabeljaubrandade

Zutaten
für 4 Personen

Olivenkompott

10	kleine Strauchtomaten
400 g	kleine Herzmuscheln, gewaschen und gesäubert
1	Knoblauchzehe, mit Olivenöl fein püriert
15 g	Orangenschale
50 g	Staudensellerie, gewaschen und zerkleinert
1	Thymianzweig
2	Schalotten, geschält und zerkleinert
8 St.	Safranfäden
8 cl	Noilly Prat (trockener Wermut)
8 cl	trockener Weißwein
80 g	kalte Butterstücke
1 kl. Bd.	Basilikum
60 g	schwarze Oliven ohne Steine, in Stifte geschnitten (längs gesechstelt)
1/2	Fenchelknolle, geschält und in 3 cm lange Stifte geschnitten
20 g	kleine Kapern in Essiglake

Saft von 1 Limone
Meersalz
Cayennepfeffer

Seezunge in Kapern-Limonen-Jus

4	Seezungenfilets
4 EL	Olivenöl
1 EL	Geflügelsauce
200 g	Kabeljaubrandade (siehe Rezept Seite 167)

Schale von 1/2 Limone

Zubereitung
Für das Olivenkompott die Tomaten in kochendem Wasser 5 Sekunden überbrühen und kalt abspülen. Die Haut der Tomaten abziehen und die Tomaten vierteln. Das Kernhaus entfernen und beides getrennt aufbewahren. Die gewaschenen Herzmuscheln mit Knoblauch-Olivenöl, den Abschnitten der Fenchelknolle, Tomatenkernhäusern, Orangenschale, Staudensellerie, Thymianzweig und Schalotten im vorgeheizten, heißen Topf anschwenken. Die Safranfäden in Noilly Prat auflösen und zusammen mit dem Weißwein darüber gießen. Den Topf mit einem Deckel verschließen und die Muscheln kurz aufko-

Weintipp Meursault Le Limozin, Domaine Michel Bouzereau, Meursault, Burgund/Frankreich (siehe Seite 168, Nr. 12)
Weinglastyp: Kräftige Weißweine
Vorher öffnen: nein
Dekantieren: nein

und Herzmuschel-Oliven-Kompott

chen. Topf beiseite ziehen und 10 Minuten ziehen lassen. Die Muscheln auf ein ausgewaschenes Küchentuch mit Schüssel darunter gießen und das Fleisch aus der offenen Schale nehmen. Den abgetropften Sud etwas reduzieren und 2/3 der kalten Butterstücke mit einem Schneebesen nach und nach unterrühren. Vom Basilikum die kleinen Blätter zur Dekoration verwenden und die restlichen Stiele auf den Muschelsud geben. Mit Meersalz, Cayennepfeffer und wenigen Tropfen Limonensaft abschmecken und anschließend nochmals passieren. Kurz vor dem Anrichten das Muschelfleisch, die Oliven, die gedünsteten Fenchelstifte, die Hälfte der Kapern sowie die Tomatenstücke dazugeben. Die Seezungenfilets mit einer halben, ausgedrückten Limonenschale abtupfen und mit Cayennepfeffer vorsichtig bestreuen. Die Filets in Olivenöl heiß von beiden Seiten 2 Minuten anbraten und warm stellen. Das Öl aus der Pfanne abgießen, die Geflügelsauce mit den restlichen Kapern, etwas Limonensaft und der restlichen Butter in der Pfanne zur gewünschten Konsistenz einkochen.

Anrichten
Die im Wasserbad erwärmte Brandade mit einem Löffel in gleich große Nocken formen und tellermittig anrichten. Die Seezungenfilets in der Kapernsauce kurz durchschwenken und auf die Brandadenocken legen. Das Herzmuschel-Oliven-Kompott filigran darum arrangieren und mit den Basilikumblättern dekorieren. Zum Schluss etwas Meersalz über die Filets streuen.

Variation
Anstelle der Herzmuscheln können auch Bouchotmuscheln oder Miesmuscheln verwendet werden, die genauso zubereitet werden. Wenn man keinen gebeizten Kabeljau oder Stockfisch zur Herstellung der Brandade zur Verfügung hat, empfehle ich ein Kartoffelpüree, das mit Olivenöl und Limonensaft verfeinert wird. (Rezept Kabeljaubrandade, Seite 167 nur ohne Kabeljau)

Seeteufel und Octopus mit Kapernblüten

Zutaten
für 4 Personen

1	Octopus, 600–800 g
250 g	Gemüsebouquet (Staudensellerie, Zwiebel, Fenchel, Lauch)
3	vollreife Tomaten
1	Knolle junger Gemüseknoblauch, in 2 mm dicke Scheiben geschnitten (Abschnitte aufbewahren)
3	Stiele von Zitronenthymianzweigen
10	geschrotete Pfefferkörner
3	frische Lorbeerblätter
16	Kapernblüten (Lake aufbewahren)
1	Mokkalöffel gehackte Zitronenschale
120 ml	helle Geflügelsauce
1,2 kg	ganzer Seeteufel ohne Haut und Bauchlappen
40 g	schwarze Oliven ohne Stein, geviertelt
200 g	Blattspinat, geputzt, gewaschen und geschleudert
1	Schalotte, in Würfel geschnitten
50 g	Gemüsewürfel 5 x 5 mm (rote und gelbe Paprika, Zucchini, Aubergine)
12	getrocknete Tomatenviertel (siehe Rezept Seite 166)
3	gezupfte Zitronenthymianzweige
100 g	Butter zum Anschwenken

Salz, Cayennepfeffer
Saft von 1 Limone
Meersalz aus der Camargue
weißer Pfeffer aus der Mühle, Muskat
Olivenöl zum Braten

Zubereitung
Die Tintensäcke in der Mitte des Octopus entfernen. Den Octopus fünfmal in kaltem Wasser aufsetzen, aufkochen und wieder abschütten. Beim sechsten Mal den Octopus in gesalzenem Wasser mit einem Tuch abgedeckt weich kochen (3–4 Stunden). Nach 2 Stunden das Gemüsebouquet, die Tomaten, die Knoblauchabschnitte, die Thymianstiele, Pfefferkörner und Lorbeerblätter dazugeben. Den weichen Octopus in einzelne Tentakel zerteilen und die dunkle Haut abstreifen. Die geputzten Tentakel schräg in 1 cm große Stücke schneiden, mit den Kapernblüten, den schwarzen Oliven und der Hälfte der Zitronenschale in die Geflügelsauce geben. Das Octopusragout nochmals 10 Minuten leicht köcheln lassen und mit Salz,

Weintipp Chardonnay Show Reserve
Rosemount Estate, Hunter, Valley/Australien
(siehe Seite 168, Nr. 11)
Weinglastyp: Kräftige Weißweine
Vorher öffnen: 1 Stunde
Dekantieren: nein

Cayennepfeffer, Limonensaft und ein paar Tropfen Kapernlake abschmecken. Die Knoblauchscheiben in leicht gesalzenem Wasser bei gelinder Hitze weich garen und in Eiswasser abkühlen. Die einzelnen Scheiben anschließend auf einem Küchenkrepp trockentupfen. Kurz vor dem Anrichten in wenig Butter anbraten und mit Salz würzen. Den Seeteufel mit Cayennepfeffer würzen und in Olivenöl rundherum anbraten, im vorgeheizten Backofen bei 210°C ca. 14–16 Minuten garen. Nach 8 Minuten wenden und darauf achten, dass kein Saft austritt. Den Blattspinat mit den Schalottenwürfeln in Butter farblos anschwenken und mit Salz, Pfeffer und wenig Muskat abschmecken. Den Seeteufel am Rückgrat entlang längs filetieren. Die Gemüsewürfel mit 30 g Butter und der restlichen Zitronenschale bei nicht zu schwacher Hitze anschwenken. In die leicht schäumende Gemüsebutter den gezupften Zitronenthymian streuen und die Seeteufefilets darin wälzen.

Anrichten
Die Seeteufelfilets in 8 Stücke tranchieren und auf Spinatblättern anrichten. Die getrockneten Tomaten in das heiße Octopusragout geben und um die Seeteufeltranchen anrichten. Zum Schluss mit den Knoblauchscheiben garnieren und etwas Meersalz darüber streuen. Zu diesem Gericht empfehle ich als Beilage meine Kablejaubrandade (siehe Rezept Seite 167).

Variation
Der größte Zeitaufwand bei diesem Gericht nimmt die Zubereitung des Octopus in Anspruch. Dieser kann durch kleine geputzte Calamares, auch Calamaretti genannt, ersetzt werden. In diesem Fall gehen Sie wie folgt vor: 250 g geputzte Calamares (beim Fischhändler vorbestellen) in 5 mm breite Ringe schneiden. Den Seeteufel, Blattspinat und Gemüsewürfel wie beschrieben zubereiten.

Anrichten
Den Blattspinat auf 4 Tellern mittig anrichten. Die Seeteufelmedaillons darauf setzen. Zum Schluss die Gemüsebutter, die rohen Calamares, die Kapernblüten, die Kapernlake und die getrockneten Tomaten dazugeben und über die Medaillons gießen. Durch diese Zubereitung entfällt auch die Geflügelsauce. Mit knusprig gebratenen Knoblauchscheiben die Medaillons garnieren.

Loup de mer mit

Zutaten
für 4 Personen

2	Knollen Fenchel
50 g	Butter
6 cl	Pastis
2 cl	Noilly Prat (trockener Wermut)
120 ml	Geflügelbrühe
200 g	Calamaretti (kleinste Tintenfische)
2	Knoblauchzehen, geschält, halbiert, ohne grünen Trieb
1/2 Bd.	Thymian
10	vollreife, kleine Strauchtomaten
15	schwarze, ligurische Oliven, lang geviertelt
1	Meerwolf (Loup de mer), 800–1000 g, ohne Innereien und geschuppt
150 g	frische Meeresbohnenspitzen (Passe-Pierre), in kaltem Wasser 1 Std. gewässert
3	Schalotten, geschält und zerkleinert
10 g	Orangenschale, in feine Streifen geschnitten
30 g	getrocknetes Fenchelkraut

Saft von 1 Limone
Meersalz aus der Camargue
Cayennepfeffer
Salz
Olivenöl

Zubereitung
Die Fenchelknollen längs in 3 mm dünne Scheiben schneiden. Die Abschnitte zerkleinern und mit den Schalotten vermengen. Die Fenchelscheiben in Butter farblos andünsten, mit 2 cl Pastis und Noilly Prat parfümieren und mit Salz und Cayennepfeffer würzen. Die Geflügelbrühe zu den Fenchelscheiben gießen und langsam weich dünsten. Die weichen Scheiben auf einem Teller beiseite stellen und den restlichen Sud bis zur sämigen Konsistenz einkochen. Zum Schluss mit einer Butterflocke verfeinern und die Fenchelscheiben darin bei Bedarf erwärmen. Die Calamaretti von Tintensäcken und Innereien säubern und

Variation
Der Loup de mer kann durch 4 Meeräschenfilets ersetzt werden, die in einer beschichteten Pfanne mit Olivenöl auf der Haut gebraten werden. Die Meeresbohnen kann man auch durch Blattspinat, in Butter geschwenkt, ersetzen. Den Spinat kurz vor dem Servieren unter den Calamarettisalat geben. Die Fischfilets zum Schluss mit wenig Pastis in der heißen Pfanne flambieren.
Anrichten und servieren wie beschrieben.

wildem Fenchelkraut gebraten

abwaschen. Die fingerlange Körperhülle in 5 mm breite Ringe schneiden und zusammen mit den Tentakeln in kochendem Wasser, das mit einer Knoblauchzehe, Salz und wenig Thymian aromatisiert wird, ca. 10 Sekunden garen. Die Calamaretti abschütten und mit Olivenöl, der Hälfte des Limonensafts, Meersalz und Cayennepfeffer verfeinern. Die Meeresbohnen in kochendem, ungesalzenem Wasser 20 Sekunden garen und in Eiswasser abschrecken. Abschütten, abtropfen und mit den Calamaretti vermengen. Die Tomaten in kochendem Wasser überbrühen, mit kaltem Wasser abspülen, die Haut abziehen, vierteln und das Kernhaus herausschneiden. Die Tomaten- und Olivenviertel zu den Calamaretti geben und bei Bedarf lauwarm zum Loup de mer servieren. Den Loup de mer mit einem Küchenkrepp gut abtrocknen. Die Bauchhöhle mit Salz ausstreuen und Knoblauch sowie Thymian hineinstecken. Den Fisch mit Cayennepfeffer würzen und mit wenig Limonensaft beträufeln. In einer beschichteten Pfanne den Loup de mer mit Olivenöl von beiden Seiten jeweils 5 Minuten anbraten. Die Fenchelabschnitte, Schalotten und Orangenstreifen dazugeben und im vorgeheizten Backofen mit Oberhitze/Grillstufe nochmals 2–3 Minuten kross braten. Zum Schluss das getrocknete Fenchelkraut darüber streuen, mit dem restlichen Pastis übergießen und flambieren.

Tipp Die Gräten zerkleinern und mit dem restlichen Bratgemüse, wenig Noilly Prat und frischer Butter nochmals aufkochen und durch ein feines Sieb gießen. Diesen sehr aromatischen Saft über die Calamaretti träufeln.

Anrichten
Den Fisch vom Rückgrat zum Schwanz mit einem flachen Löffel oder Fischmesser filetieren und je 1/2 Filet pro Person mit dem Calamarettisalat und den Fenchelscheiben servieren. Am Tisch noch wenig Meersalz über die Filets streuen.

Weintipp Rully
Domaine Marc Morey, Chassagne-Montrachet, Burgund/Frankreich
(siehe Seite 168, Nr. 12)
Weinglastyp: Kräftige Weißweine
Vorher öffnen: nein
Dekantieren: nein

Rotbarbe in Sauce Bourride mit Kaperngremolata

Zutaten
für 4 Personen

4	kleine Rotbarben à 150–180 g
40 g	gewaschener Fenchel
40 g	gewaschene Staudensellerie
2	vollreife Tomaten
2	geschälte Schalotten
5 g	Orangenschale
1	Knoblauchzehe, geschält und ohne Trieb
500 g	kleine Miesmuscheln oder Herzmuscheln
80 ml	Noilly Prat (trockener Wermut)
60 ml	trockener Weißwein
1/4	gelbe Paprika, ohne Kernhaus
5	Safranfäden
100 ml	Krustentierfond (Rezept siehe Seite 164)
50 g	kalte Butter
80 g	rote und gelbe Paprika, Zucchini, Aubergine, alles in feine Würfel geschnitten
15 g	schwarze Oliven, in feine Würfel geschnitten
5 g	fein gehackte Zitronenschale
1 kl Bd.	Zitronenthymian
2	Basilikumzweige
2	Blattpetersilienzweige
20 g	kleine Kapern in Lake

Olivenöl zum Braten
Salz und Pfeffer aus der Mühle
fein geriebener Knoblauch zum Abschmecken

Zubereitung
Die Rotbarben mit einem kleinen Messer vom Schwanz zum Kopf schaben, um die Schuppen zu entfernen. Mit einem Schnitt die Bauchhöhle öffnen und die Innereien entfernen. Die Leber zurückbehalten. Nun die Rotbarben filetieren und die restlichen Gräten aus den Filets ziehen. Fenchel, Staudensellerie, Tomaten und Schalotten klein schneiden und mit Orangenschale und Knoblauch in wenig Olivenöl farblos andünsten. Die abgetropften Muscheln dazugeben und mit Noilly Prat und Weißwein angießen.
Den Topf mit einem Deckel verschliessen, einmal aufkochen lassen und zugedeckt beiseite stellen. Nach 10 Minuten

die Muscheln auf ein feines Sieb gießen und den Sud aufbewahren. Das Muschelfleisch aus der Schale lösen. Die gelbe Paprika grob zerkleinern und in Olivenöl anschwitzen. Safranfäden in wenig Noilly Prat einweichen. Muschelsud, Hummerfond und die eingeweichten Safranfäden auf die Paprika gießen. Mit einem Küchenmixer alles zusammen pürieren und durch ein feines Sieb passieren. Den Sud um die Hälfte einkochen und 30 g kalte Butter einrühren. Das ausgelöste Muschelfleisch in den Sud geben und warm halten. Die Rotbarben in einer beschichteten Pfanne auf der Hautseite mit wenig Olivenöl im Backofen bei 70 °C Ober-/Unterhitze glasig garen (ca. 18 Minuten). Die Gemüsewürfel mit den Oliven und der fein gehackten Zitronenschale in der restlichen, zerlassenen und schäumenden Butter durchschwenken. Zitronenthymian, Basilikum und Blattpetersilie gezupft, gewaschen und fein geschnitten und die Kapern ohne Lake dazugeben. Abschmecken mit Salz, Pfeffer und etwas fein geriebenem Knoblauch.

Weintipp Grüner Veltliner Smaragd
Von den Terrassen
Weingut Franz Xaver Pichler, Oberloiben, Wachau/Österreich
(siehe Seite 168, Nr. 13)
Weinglastyp: Kräftige Weißweine
Vorher öffnen: 1 Stunde
Dekantieren: ja

Anrichten
Die Barbenfilets in der Tellermitte anrichten, die schäumende Kaperngremolata darüber geben und die Sauce Bourride mit den Muscheln dazureichen.

Variation
Anstatt der Rotbarbe eignet sich auch hervorragend Dorade oder Meeräsche. Der Krustentierfond kann durch 30 g Hummerbutter, die in gut sortierten Fischgeschäften erhältlich ist, ersetzt werden, welche zum Schluss anstatt der Butter in die Sauce Bourride gerührt wird.

Dorade mit Meeresfrüchte-Risotto und Sauce Bourride

Zutaten
für 4 Personen

4	Doradenfilets à 120 g, geschuppt und ohne Gräten
1	Aubergine, in 3 mm dicke Scheiben geschnitten

Cayennepfeffer
Limonensaft, Olivenöl

150 ml	Sauce Bourride (siehe Rezept Seite 162)

Meeresfrüchte-Risotto

60 g	zerkleinerte Strauchtomaten
50 g	zerkleinerter Fenchel
50 g	zerkleinerter Staudensellerie
2	Schalotten, geschält und zerkleinert
5 EL	Olivenöl
8 g	Orangenschale
2	Lorbeerblätter
2	Thymianzweige
8 cl	Noilly Prat (trockener Wermut)
100 ml	Weißwein (Blanc de Blanc, Domaine Ott)
300 g	gewaschene Herzmuscheln
100 g	Calamaretti, geputzt und geschnitten
80 g	Risottoreis
10 g	Schalotten, in feine Würfel geschnitten
100 ml	Geflügelbrühe
20 g	Butter
20 g	Parmesan

Meersalz und Thymian

3	zerkleinerte Knoblauchzehen

Zubereitung
Für das Risotto das geschnittene Gemüse in einem vorgeheizten Topf mit 1 Esslöffel Olivenöl heiß, aber farblos anschwenken. Die Muscheln, Orangenschale, Lorbeerblätter und 1/2 Thymianzweig dazugeben und nochmals durchschwenken. Mit Noilly Prat und Weißwein aufgießen und abgedeckt einmal aufkochen. Den abgedeckten Topf beiseite stellen und auskühlen lassen. Die Muscheln auf ein Sieb gießen und den Sud aufbewahren. Das Muschelfleisch aus der Schale lösen und beiseite stellen.
Die Calamaretti in gesalzenem, kochendem Wasser, mit 1 Esslöffel Olivenöl,

1 Knoblauchzehe und 1/2 Thymianzweig aromatisiert, 2 Sekunden garen. Auf ein Sieb schütten und beiseite stellen.
Den Reis mit 1 Esslöffel Olivenöl und Schalotten farblos anschwitzen. Halb Geflügelbrühe und halb Muschelsud angießen und etwas Salz zugeben. (Für 80 g Reis benötigt man 160 ml Flüssigkeit). Den Reis ständig schwenkend garen, bis die Flüssigkeit fast vollständig aufgenommen ist. In den sämigen Reis die Butter, die Muscheln, die Calamaretti und den Parmesan schwenken.
Die Dorade mit Cayennepfeffer und Limonensaft würzen. In einer beschichteten Pfanne mit 1 Esslöffel Olivenöl, auf einer Hautseite liegend, glasig braten. Die Auberginenscheiben würzen und in 1 Esslöffel Olivenöl mit 1 Knoblauchzehe und 1 Thymianzweig von beiden Seiten braten.

Weintipp Chardonnay Cuvée Alexandre
Casa Lapostolle,
Casablanca Valley/Chile
(siehe Seite 163, Nr. 3)
Weinglastyp: Kräftige Weißweine
Vorher öffnen: nein
Dekantieren: nein

Anrichten
Die Auberginenscheiben auf 4 Teller auslegen und das Risotto darauf verteilen. Die Doradenfilets darauf legen. Wenig Meersalz über die Fische streuen und die Sauce Bourride dazureichen.

Variation
Anstelle des Meeresfrüchte-Risotto eignet sich auch ein Pesto-Risotto:
Das Risotto wie beschrieben kochen, nur anstatt des Muschelsuds die doppelte Menge Geflügelfond verwenden. Mit 2 Bund Basilikum, 100 ml kaltgepresstem Olivenöl, 1/2 Knoblauchzehe, Salz, Pfeffer, Limonensaft und 20 g geriebenem Parmesan im Steinmörser eine Pesto zubereiten. Zum Schluss die Pesto unter das Risotto mengen und auf 4 Tellern verteilen. Die Doraden auf dem Risotto servieren.

Zutaten
für 4 Personen

600 g	frisches Wildlachsfilet mit Haut
Olivenöl bester Qualität	
200 g	feine Aiguillettebohnen, geputzt und ohne Fäden
1	Bohnenkrautzweig, gezupft und fein geschnitten (Stiele aufbewahren)
100 ml	Tomatensugo (siehe Rezept Seite 167)
80 g	Tomatenwürfel (ohne Haut und Kerne)
1/2 Bd.	Koriandergrün, gezupft, gewaschen und fein geschnitten
80 g	Mousseronpilze, geputzt, gewaschen, ohne Stiel (Pilze sehr vorsichtig waschen und sofort trockenschleudern)
1	Schalotte, in feine Würfel geschnitten
20 g	frische Butter
4–5 EL	Champagnervinaigrette (siehe Rezept Seite 160)
Meersalz aus der Camargue	
Eiswasser	
Cayennepfeffer	

Räucherzutaten

5 EL	Buchenholzsägemehl
1	Thymianzweig
3	Sternanis
1	Knoblauchzehe, in der Schale ausgedrückt
10 g	Orangenschalen
5	zerdrückte Wacholderbeeren
2	frische Lorbeerblätter

Warm geräucherter Wildlachs

mit Tomaten-Koriandersugo, Mousseronpilzen und

Zubereitung
Lachsgräten mit einer Pinzette aus dem Filetstück ziehen.
Zum Räuchern das Sägemehl, mit den restlichen Räucherzutaten oben aufgelegt, in einer alten Pfanne erhitzen oder mit einem Bunsenbrenner zum Glimmen bringen. Den Lachs auf einem Gitterrost darüber legen und mit einer umgedrehten Schüssel abdecken. (Alternativ eignet sich ein Gartengrill mit Abdeckhaube hervorragend.) Das Lachsfilet 8 Minuten räuchern und anschließend mit Olivenöl beträufelt im Backofen bei 60 °C Ober-/Unterhitze 12–15 Minuten glasig garen. Kurz vor dem Anrichten die Haut abziehen und den dunklen Tran wegschneiden. Die Bohnen in leicht übersalzenem Wasser mit den Bohnenkrautstielen 2 Minuten kochen, in Eiswasser abkühlen und abtropfen lassen. Das Sugo, die Tomatenwürfel und die geschnittenen Korianderblätter vermengen und abschmecken. Die Mousseronpilze mit den Schalottenwürfeln in Butter kurz anbraten, abschmecken und auf einem Sieb abtropfen lassen. Die Bohnen mit den Mousseronpilzen und dem Bohnenkraut vermengen, Champagnervinaigrette dazugeben und abschmecken.

Anrichten
Den Lachs in 4 gleich große Tranchen schneiden und mit Meersalz und Cayennepfeffer würzen. Das Tomatensugo kreisrund in der Tellermitte auftragen. Den Lachs darauf legen und mit Bohnen-Mousseron-Salat rundherum dekorieren.

Weintipp Sauvignon Blanc, Cloudy Bay, Malborough/Neuseeland
(siehe Seite 168, Nr. 9)
Weinglastyp: Leichte Weißweine
Vorher öffnen: nein
Dekantieren: nein

Suprême von rotem Thunfisch mit Gemüse-Duftreis-Salat

Zutaten
für 4 Personen

Sesamaioli

3 Eigelb
1 EL Reisweinessig
1/2 TL Senf
1/2 fein gehackte Knoblauchzehe
1 TL Saft des eingelegten Ingwers
3 EL Sesamöl
3 EL Traubenkernöl
1 EL Erdnussöl
2 EL Crème fraîche
Saft von 1/2 Limone
Salz, Cayennepfeffer, Zucker

Marinade

15 g Zucker
2 EL Reisweinessig
100 ml helle Geflügelbrühe
2 EL ungesüßte Kokosmilch
1/4 geriebener Apfel
1 TL eingelegter Ingwer, fein gehackt
1/2 TL frische, fein gehackte Galgantwurzel
10 g frisches, fein geschnittenes Zitronengras
1 Msp. grüne Currypaste
2 Msp. Wasabipaste
2 Limonenblätter
30 geschrotete Körner Koriandersamen
3 g angerührte Speisestärke
2 EL Erdnussöl
2 EL Sesamöl
6 EL Traubenkernöl
1/2 Bd. Koriandergrün
Saft von 1 Limone
Salz und Cayennepfeffer

und Korianderradieschen

Zubereitung
Für das Sesamaioli die Eigelb in einer kleinen Schüssel mit allen Zutaten außer den aufgeführten Ölen und der Crème fraîche vermengen. Nach und nach die Öle einrühren und mit Salz, Cayennepfeffer und Zucker abschmecken. Zum Schluss die Crème fraîche unterrühren und kalt stellen.

Weintipp Rüdesheim Berg Roseneck Riesling Erstes Gewächs, Rheingau/Deutschland (siehe Seite 168, Nr. 8)
Weinglastyp: Kräftige Weißweine
Vorher öffnen: 1 Stunde
Dekantieren: ja

Für die Marinade den Zucker in einem kleinen Topf karamellisieren, mit Limonensaft und Reisweinessig ablöschen. Geflügelbrühe angießen und die Karamellstücke auflösen. Alle Zutaten außer den Ölen und der angerührten Stärke zugeben und 15 Minuten ziehen lassen. Die Flüssigkeit mit der Stärke binden, durch ein Sieb gießen und kalt stellen. In den kalten Sud die Öle einrühren, mit Salz und Cayennepfeffer abschmecken. Zum Schluss die Hälfte des Koriandergrüns fein geschnitten dazugeben.

weiter auf der nächsten Seite

Suprême von rotem Thunfisch mit Gemüse-Duftreis-Salat

Zutaten
für 4 Personen

Gemüse-Duftreis-Salat

50 g	Basmatireis, gewaschen und abgetropft
3 EL	Erdnussöl
1 Pr.	Salz
100 ml	Wasser
30 g	Zuckerschoten, geputzt und diagonal halbiert
6 St.	grüner Spargel, geschält und in 3 cm lange Stücke geschnitten
30 g	rote Paprika, geschält und in Rauten geschnitten
30 g	gelbe Paprika, geschält und in Rauten geschnitten
4 St.	junger Frühlingslauch, in 3 cm lange Stücke geschnitten und gewaschen
30 g	Shitake-Pilze, geputzt und geviertelt
20 g	Sojasprossen, geputzt und gewaschen
40 g	Duftmango, in Streifen geschnitten 1 cm x 4 cm
10 g	frische Kokosnuss, in hauchdünne Streifen gehobelt

Thunfisch-Suprême

120 g	rotes Saku-Thunfischfilet
1 EL	Erdnussöl
10	gleich große Radieschen, geputzt und gewaschen
1/2	Schale Gartenkresse, geputzt und gewaschen
1/2 Bd.	Koriandergrün
1/2 TL	geschroteter Bergpfeffer
1/2 TL	grobes Meersalz
1 TL	geröstete Sesamkörner

Sud zum Gemüse andämpfen

500 ml	Wasser
3	Limonenblätter
1	fein geschnittene Zitronengrasstange

Schalen von frischem Ingwer und Galgantwurzel
Stiele von Koriandergrün

Alle Zutaten in einen Topf geben und bei Bedarf aufkochen.

Fischauktion in Loctudy. Hier werden die Fische direkt nach der Ankunft der Fangboote versteigert. Eine halbe Stunde später sind sie gut gekühlt auf dem Weg zum Kunden.

und Korianderradieschen

Zubereitung

Für den Gemüse-Duftreis-Salat den gewaschenen, abgetropften Reis mit Erdnussöl anschwitzen, eine Prise Salz dazugeben und mit Wasser auffüllen. Den Reis am Herdrand ziehen lassen, bis die Flüssigkeit aufgenommen und der Reis noch körnig ist. Anschließend auf einem Teller flach ausgebreitet auskühlen lassen.

Zuckerschoten und Spargel in kochendem Wasser 2 Minuten garen, kalt abspülen und abtropfen lassen. Alle Gemüse außer Sojasprossen und Mangostreifen in einer Wokpfanne bei mittlerer Hitze mit Erdnussöl anschwenken. Zum Schluss die Sojasprossen, Mangostreifen und die Kokosnussstreifen zugeben. Das leicht bissfest angeschwenkte Gemüse in einem asiatischen Dampfkorb (Steam-Basket) geben und den Reis darüber streuen. Das Thunfischfilet mit Erdnussöl einreiben und in einer heißen Pfanne rundherum schnell anbraten. Im Backofen bei 60 °C warm stellen.

Die Radieschen mit einem Küchenhobel in dünne, gleichmäßige Scheiben schneiden und mit 2 Esslöffel der Marinade vermengen. Mit Salz würzen und 15 Minuten ziehen lassen.

Anrichten

Auf einem runden Teller wird mit den marinierten Radieschenscheiben ein Quadrat gelegt. Auf die Radieschen streut man etwas Gartenkresse sowie fein geschnittenes Koriandergrün und legt den in 5 mm dicke Scheiben geschnittenen Thunfisch diagonal auf die Radieschen. Mit Bergpfeffer, grobem Meersalz und geröstetem Sesam wird das Thunfischfilet gut gewürzt. Das Gemüse mit dem Reis wird im asiatischen Steam-Basket ca. 4 Minuten über dem vorbereiteten Sud aufgedämpft und anschließend mit der restlichen Marinade in einer Schüssel vermengt und rundherum angerichtet. Die Sesamaioli wird separat gereicht und über den Thunfisch gegeben.

Zutaten
für 4 Personen

2	kanadische Hummer à 600 g
2	grüne, gewaschene Äpfel
70 g	Butter
3	Blattpetersilienzweige, gezupft und gewaschen
10	absolut weiße Champignons, gewaschen und zerkleinert
40 g	Staudensellerie, gewaschen und zerkleinert
40 g	Lauch, gewaschen und zerkleinert
40 g	Schalotten, gewaschen und zerkleinert
40 g	frische Tomatenwürfel
20 g	Fenchel, gewaschen und zerkleinert
1	Knoblauchzehe, geschält und zerkleinert
1	frisches Lorbeerblatt
1 Msp.	grüne Currypaste
20 g	geräucherter Schweinebauch
100 ml	Noilly Prat (trockener Wermut)
200 ml	Geflügelbrühe (siehe Rezept Seite 165)
200 ml	ungesüßte Kokosmilch
200 ml	Cidre (Apfelwein)
200 g	deutscher Stangenspargel
100 g	grüner Spargel
50 g	schwarze Farfallenudeln

Meersalz aus der Camargue
Cayennepfeffer
Limonensaft
Zucker
Olivenöl zum Braten

Variation
Alternativ zum Hummer können Sie frische oder tiefgekühlte Garnelen verwenden. Schälen Sie 12 Garnelenschwänze aus der Panzerschale und entfernen Sie den Darm durch einen Schnitt am Rücken entlang. Die Garnelenschwänze werden bei Bedarf in Olivenöl glasig gebraten und anschließend mit Salz, Cayennepfeffer und wenig Zitrone gewürzt.

Gebratener Hummer mit Spargel in grüner Apfel

Curry-Nage

Weintipp Brauneberger Kammer, Riesling Spätlese halbtrocken, Mosel/Deutschland (siehe Seite 168, Nr. 10)
Weinglastyp: Leichte Weißweine
Vorher öffnen: nein
Dekantieren: nein

Zubereitung
Die Hummer in reichlich kochendem Wasser 3 Minuten kochen, herausnehmen und in Eiswasser abkühlen. Beide Tiere nun der Länge nach halbieren und die Innereien entfernen. Die Scheren mit den Gelenken am Rumpf abdrehen und den Schwanz vom Körper ebenfalls abdrehen. Die Äpfel schälen und die Schale mit 50 g Butter und der gezupften Petersilie in einer Küchenmaschine fein zerkleinern. Die Butter-Apfel-Mischung kalt stellen. Aus den geschälten Äpfeln mit einem kleinen Kugelausstecher kleine Perlen ausstechen und in wenig Wasser beiseite stellen. Die Apfelreste ohne Kernhaus zerkleinern und mit den zerkleinerten Gemüsen in 20 g Butter farblos andünsten. Lorbeerblatt, Currypaste und den geräucherten Schweinebauch dazugeben. Mit Noilly Prat ablöschen und mit der Geflügelbrühe und der Kokosmilch aufgießen. Ca. 30 Minuten köcheln lassen und durch ein feines Sieb gießen. Die Nage mit Meersalz, Zucker, evtl. Curry und wenigen Tropfen Limonensaft abschmecken. Kurz vor dem Anrichten die Apfel-Butter-Mischung nach und nach einrühren und nochmals durch ein feines Sieb gießen. Zum Schluss mit 100 ml Cidre verfeinern. Den Spargel schälen und getrennt in leicht gesalzenem Wasser garen. Den grünen Spargel in Eiswasser herunterkühlen, damit er seine Farbe behält. Beide in gefällige Stücke schneiden und bei Bedarf in wenig Butter mit 1 Esslöffel Spargelsud glasieren und evtl. mit Salz, Zucker und Cayennepfeffer würzen. Die Farfallenudeln in gesalzenem Wasser al dente kochen und kalt abspülen. Kurz vor dem Anrichten die Farfalle zusammen mit dem Spargel erwärmen. Die Apfelperlen in wenig Zucker karamellisieren und mit dem restlichen Cidre ablöschen. Die Hummerschwänze und Scheren im Panzer mit Olivenöl anbraten und im vorgeheizten Backofen bei 160 °C ca. 4–5 Minuten braten. (Die Schwanzstücke dürfen nicht auf der Schnittfläche liegen.) Das Fleisch der Hummer aus der Schale lösen. Die Scheren mit einer Geflügelschere vorsichtig auftrennen und das Scheren- und Gelenkfleisch entnehmen.

Anrichten
Das Hummerfleisch in einem großen, tiefen Teller mittig anrichten und die restlichen Zutaten rundherum arrangieren. Zum Schluss die Apfel-Curry-Nage mit einem Mixstab aufschäumen und die aufgeschäumte Nage über das Gemüse träufeln.

Zutaten
für 4 Personen

2	europäische Hummer à 550 g

Aprikosen-Bohnen-Püree

1 EL	Zucker
2 cl	Cointreau
4 cl	Weißwein (trockener Riesling)
2	Scheiben geräucherter Schweinebauch
1/2	Vanilleschote
1	Salbeizweig
4	vollreife, süße Aprikosen, gewaschen, halbiert, ohne Stein
200 g	weich gekochte weiße Bohnen
70 g	Butter, insgesamt
1 Bd.	Frühlings-Lauchzwiebeln, geputzt und gewaschen

Saft von 1 Limone
Meersalz und Cayennepfeffer

1 TL	Zucker

Hummerspätzle
Corail eines Hummers

4	Eier à 70 g
ca. 220 g	Mehl
1 l	Krustentierfond (siehe Rezept Seite 164)

Salz und Butter vom Hauptrezept
frisch geriebene Muskatnuss
Olivenöl zum Braten

50 g	Trüffeltapenade (siehe Rezept Seite 167)

Zubereitung
Die Hummer in kochendem Wasser 3–4 Minuten garen und in Eiswasser abkühlen. Nun die Hummer mit einem großen Küchenmesser längs halbieren. Die Darmreste und Innereien aus Körper- und Schwanzhälften entfernen und mit Wasser abspülen. Die Scheren mit den Gelenken am Körper abtrennen. Die Hummerschwänze von den Körpern trennen. Scheren und Schwänze kalt stellen. Sämtliche anfallenden Panzerteile der Hummer für den Krustentierfond verwenden.
Für das Püree den Zucker in einem kleinen Topf leicht karamellisieren, mit Cointreau und Weißwein angießen und zur sämigen Konsistenz einkochen. Schweinebauchscheiben, Vanilleschote, Salbeiblätter und Aprikosenhälften dazugeben und den Topf mit Aluminiumfolie verschließen. Im vorgeheizten Backofen bei 160 °C die Aprikosen 20 Minuten schmoren. Die weichen Bohnenkerne und die geschmorten Aprikosen in einem Küchenmixer (Moulinette) mit 30 g kalter Butter und wenig Aprikosen-Schmorsud zu einem cremigen Püree verarbeiten. Das Püree durch ein feines Küchensieb streichen und mit Meersalz, Cayennepfeffer und eventuell wenig Limonensaft würzen. Die Lauchzwiebeln in kochendem Salzwasser 2 Minuten garen und in Eiswasser abkühlen. Bei Bedarf werden die Lauchzwiebeln in Butter mit wenig Salz und Zucker weich gedünstet.
Für die Hummerspätzle das Hummercorail mit den Eiern, wenig Salz und Muskat in einer Schüssel mit einem Stabmixer durchmixen. Die Hälfte des Mehls mit einem

Weintipp Imperial weiß Cuvée aus Chardonnay, Grüner Veltliner und Sauvignon Blanc, Burgenland/Österreich (siehe Seite 168, Nr. 5)
Weinglastyp: Leichte Weißweine
Vorher öffnen: nein
Dekantieren: nein

Variation
Anstatt des Hummers verwenden Sie 8–12 große frische Langustinen:
Die Langustinenschwänze vom Körper durch herausdrehen trennen. Den Schwanz mit einer Schere an der Unterseite aus der Panzerschale entlang auftrennen und herauslösen. Den Darm herausziehen. Körper und Schalen zu einem Fond verarbeiten. (Rezept Seite 164) Die Langustinen gewürzt in Olivenöl 3–4 Minuten glasig braten. Anstatt der Hummerspätzle können Sie 200 g al dente gekochte feine Nudeln, die im reduzierten Krustentierfond erwärmt werden, verwenden.

Anrichten
Die Nudeln mit einer Gabel aufdrehen und auf 4 Tellern jeweils 3 kleine Nudelnester legen. Das Aprikosen-Bohnen-Püree in die Nester füllen und die Langustine darauf setzen. Lauchstangen und Trüffeltapenade wie beschrieben anrichten.

Bretonischer Hummer auf Aprikosen-Bohnen-Püree mit Trüffeltapenade

Schneebesen zu einem glatten Teig unter die Eier rühren. Die andere Hälfte mit der Hand unter den Teig schlagen, bis dieser kleine Blasen bildet. Nun den Teig mit einer Palette auf einem Holzbrett dünn aufgetragen, in kochendes Salzwasser schaben und in Eiswasser auskühlen. Die Spätzle gut abtropfen lassen.
Den Krustentierfond um 85 % reduzieren und mit kalter Butter bis zur sämigen Konsistenz verfeinern. Die halbierten Hummerschwänze und die Scheren mit den Gelenken in wenig Olivenöl bei gelinder Hitze anbraten und 4–5 Minuten im vorgeheizten Backofen bei 160 °C garen. Die Spätzle mit wenig Butter in einer beschichteten Pfanne farblos anschwitzen und würzen. Die Spätzle mit einem Teil des Krustentierfonds vermengen und in die leeren Hummerhälften füllen. Die Hummerschwänze und Scheren mit Hilfe einer Geflügelschere ausbrechen und das glasige Fleisch mit einem feuchten Küchenkrepp abgedeckt warm stellen.

Anrichten
Das Püree auf 4 Tellern mittig kreisrund anrichten. Das Hummerfleisch darauf legen und die Lauchstangen rundherum legen. Die Hummerhälften, mit Spätzle gefüllt, auf 4 kleinen Tellern separat reichen. Zum Schluss die Trüffeltapenade über das Hummerfleisch geben und servieren. Den restlichen Hummerfond dazureichen.

Coquille Saint Jacques in Champagner-Seeigel-Velouté

Zutaten
für 4 Personen

8	Jakobsmuscheln, frisch aus der Schale gelöst, sandfrei
80 g	Butter
60 g	Staudensellerie, klein geschnitten
60 g	Weißes vom Lauch, klein geschnitten
1	Fenchelknolle mit Grün, geschält und in streichholzgroße Stifte geschnitten
4 cl	Pernod
8 cl	Noilly Prat (trockener Wermut)
8 cl	weißer Portwein
200 ml	Champagner
1,5 l	Geflügelfond
12	Seeigel
500 ml	Crème double
3	Estragonzweige
1/2 Bd.	Kerbel
5	Blattpetersilienzweige
2	frische Limonenblätter
1	frisches Lorbeerblatt
2 EL	Schlagsahne

Meersalz (Fleur de sel)
Cayennepfeffer
Zucker

Zubereitung

Die Bärte der Muscheln waschen und mit den Gemüse- und Fenchelabfällen in Butter farblos anschwitzen. Mit Pernod, Noilly Prat, weißem Portwein und der Hälfte des Champagners ablöschen, reduzieren und mit Geflügelbrühe auffüllen. Fenchelstifte blanchieren und bei Bedarf in Butter glasieren. Das Fenchelgrün fein schneiden und zum Schluss über die Fenchelstifte streuen. Die Seeigel an der Unterseite mit einer Schere aufschneiden und die Konaden vorsichtig herausnehmen. Die Flüssigkeit der Seeigel auffangen und passieren. Die Schalen auswaschen und nach Belieben als Gefäß für die Velouté verwenden. Den Gemüsefond um 60 % reduzieren und passieren. Anschließend die Crème double und etwas Flüssigkeit der Seeigel dazugeben. Die Jakobsmuscheln bei nicht zu starker Hitze langsam von beiden Seiten braten. Die Muschel soll im Inneren nur eine Temperatur von etwa 40 °C erreichen. In die Velouté etwa die Hälfte der Seeigelkonaden einmixen und mit Fleur de sel, Cayennepfeffer und Zucker abschmecken. Nun die Kräuter sowie die fein geschnittenen Limonen- und Lorbeerblätter auflegen und am Herdrand 15 Minuten ziehen lassen. Die Velouté nochmals passieren und mit Champagner und geschlagener Sahne verfeinern.

Weintipp Ihringer Winklerberg, Chardonnay Spätlese trocken, Baden/Deutschland (siehe Seite 168, Nr. 2)
Weinglastyp: Kräftige Weißweine
Vorher öffnen: nein
Dekantieren: nein

Anrichten

Die Muscheln auf den glasierten Fenchelstiften anrichten. Die restlichen Seeigelkonaden als Einlage für die Velouté verwenden. Die Velouté separat in den vorbereiteten Seeigelkörpern reichen.

Variation

Für dieses Gericht besteht keinerlei Möglichkeit, es durch andere Zutaten auf ein ähnliches Geschmackserlebnis zu bringen.

Tatar von Coquille Saint Jacques mit Artischockensugo und Trüffelschaum

ZUTATEN
für 4 Personen

Tatar Coquille Saint Jacques

8	Jakobsmuscheln, lebend in der Schale
3	Blattpetersilienzweige, gezupft, gewaschen und fein geschnitten
1	Estragonzweig, gezupft, gewaschen und fein geschnitten
4 EL	Ligurisches Olivenöl

Saft von 1/2 Limone

Artischockensugo

4	Artischocken

Saft von 1/2 Zitrone mit 500 ml Wasser verrührt

1 EL	Olivenöl
1	Thymianzweig
1	kleiner Rosmarinzweig
6 cl	Noilly Prat (trockener Wermut)
1 EL	Estragonessig
100 ml	klare, kräftige Geflügelbrühe, die geliert

Meersalz aus der Camargue
Salz und Cayennepfeffer

Trüffelschaum

3/4	Blatt Gelatine, in kaltem Wasser eingeweicht
100 g	Trüffelfond (Feinkostgeschäft)
30 g	flüssige Sahne
60 g	Wintertrüffel, in dünne Scheiben geschnitten

Salz
Cayennepfeffer
Zucker
weißer Balsamessig

Zubereitung

Für das Tatar die Jakobsmuscheln mit einem kleinen Küchenmesser seitlich durch einen Schnitt, der das Muschelfleisch von Boden und Deckel trennt, öffnen. Das gesäuberte und gewaschene, schiere Muschelfleisch in dünne Scheiben schneiden. 16 Scheiben zurückbehalten. Die restlichen Scheiben wiederum in feine Würfel schneiden und mit Limonensaft, Cayennepfeffer und Meersalz abschmecken. Zum Schluss mit wenig Petersilie, Estragon und Olivenöl verfeinern. Das Tatar zwischen die zurückbehaltenen Scheiben zu 8 gleich großen Türmen füllen und kalt stellen.

Für das Sugo die Artischocken entblättern und den Stiel herausbrechen. Mit einem Löffel das so genannte Heu aus der Mitte des zurückgebliebenen Artischockenbodens herausschaben und die noch grünen Blattansätze mit einem kleinen Küchenmesser rundherum wegschneiden. Den Artischockenboden in Zitronenwasser 1 Stunde einlegen und anschließend in Würfel von 3 x 3 mm schneiden. Die abgetropften Artischockenwürfel in wenig Olivenöl mit Thymianzweig und Rosmarinzweig farblos anschwitzen. Mit Noilly Prat und wenig Estragonessig ablöschen und die gelierte Geflügelbrühe aufgießen. Das Sugo mit Salz, Cayennepfeffer und Limonensaft abschmecken. Die Kräuterzweige entfernen und das restliche Olivenöl unterrühren. Ca. 2–3 Stunden kalt stellen und vor dem Anrichten die restliche Petersilie sowie den Estragon dazugeben.

Tipp Ein Salat mit französischer Roquette, Löwenzahnblättern und Kerbel ist eine hervorragende Begleitung dazu.

Für den Trüffelschaum die eingeweichte Gelatine ausdrücken und mit einem Teil des Trüffelfonds erwärmen und auflösen. Den Rest des Trüffelfonds und die kalte Sahne zugeben. Mit Salz, Cayennepfeffer, Zucker und weißem Balsamessig abschmecken. Den Fond in einen Sahnesiphon füllen und 3–4 Stunden kalt stellen. Bei Bedarf die Flasche verschließen und mit 2 Pressluftpatronen aufschäumen.

Weintipp Chardonnay Byron Vineyard & Winery, Santa Maria Valley, Kalifornien/USA (siehe Seite 168, Nr. 6)
Weinglastyp: Kräftige Weißweine
Vorher öffnen: nein
Dekantieren: nein

Anrichten

Die Tatartürmchen mit den Trüffelscheiben obenauf anrichten und auf einen Spiegel aus gut durchgekühltem Artischockensugo setzen. Den Trüffelschaum mit 2 Kaffeelöffeln zu Nocken formen und rundherum anrichten.

VALRHO

Die Süße des Lebens

Der Urhunger nach Zucker ist im Menschen tief verankert. Schon in grauer Vorzeit deckten die Menschen ihren Bedarf an diesen Energiespender durch das Sammeln von Honig. Die Marine von Alexander dem Großen entdeckte 300 Jahre vor Christus in Indien „ein Schilf, das ohne Hilfe der Bienen Süße produziert." Das Zuckerrohr war entdeckt.

Zucker ist das Leitaroma der meisten Desserts. Er verstärkt den Eigengeschmack von Früchten und anderen Zutaten. Und nichts rundet ein gutes Essen besser ab als ein süßes Dessert.

Wir lieben Zucker, ja sind gar süchtig nach ihm. Wir lieben ihn so sehr, dass er und sein Geschmack Synonym für alles sind, was wir lieben oder schön finden. Vereint man ihn mit dem Pulver der Kakaobohne, erhält man das wohl erfolgreichste Genussmittel der Menschheitsgeschichte: Die Schokolade.

Lasagne von Orangencrêpe und Nougat

Zutaten
für 4 Personen

Crêpeteig

100 g	gesiebtes Mehl
250 ml	Vollmilch
6	Eigelbe
1 Pr.	Salz
10 g	Zucker
4 cl	Cointreau
50 g	Butter
200 ml	Orangenjus (siehe Rezept Seite 154)

Nougatmousse

1	Ei
1	Eigelb
4 g	Blattgelatine, in Wasser eingeweicht (2 Blatt)
4 cl	brauner Rum
4 cl	Cognac
125 g	Nougat
30 g	Zartbitterschokolade
300 g	geschlagene Sahne
4	Orangen, filetiert
20 g	Kakaopulver

Weintipp Pinot Gris
Beerenauslese
Wittmannshof,
Burgenland/Österreich
(siehe seite 168, Nr. 5)
Weinglastyp: Dessertweine
Vorher öffnen: 1 Stunde
Dekantieren: ja

Zubereitung

Für den Crêpeteig das Mehl und die Milch zu einem glatten Teig rühren. Eigelb, Salz, Zucker und Cointreau dazugeben und durch ein feines Sieb gießen. Den Teig 1 Stunde kalt stellen und anschließend in einer beschichteten Pfanne mit Butter dünne Crêpes ausbacken. Die Orangenjus aufkochen und die Crêpes 30 Minuten in der Orangenjus auskühlen lassen. Anschließend die Crêpes auf einem Kuchengitter ausgebreitet abtropfen lassen.

Für die Nougatmasse das Ei und Eigelb in einer Schüssel im Wasserbad bei ca. 45 °C warm und cremig rühren. Die eingeweichte Gelatine ausdrücken, Rum und Cognac erwärmen und die Gelatine darin auflösen.
Nougat und Zartbitterschokolade grob zerkleinern und in einer Schüssel im heißen Wasserbad flüssig werden lassen. Das flüssige Nougat unter die Eimasse geben und glatt rühren. Anschließend die aufgelöste Gelatine mit dem Alkohol unterrühren. Zum Schluss 1/3 der geschlagenen Sahne untermengen und die Nougatmasse in die restlichen 2/3 Sahne vorsichtig unterheben. (Man nennt diesen Vorgang „Angleichen"). Nun das Nougatmousse abwechselnd mit den durchtränkten, abgetropften Orangencrêpes schichtweise in ein rundes oder rechteckiges Gefäß einfüllen und 8 Stunden durchkühlen lassen. Die Orangenfilets mit der zurückgebliebenen Orangenjus vermengen und gut durchziehen lassen.

Anrichten

Das Nougatmousse aus der Form stürzen und mit Kakaopulver bestäuben. 2 cm dicke Scheiben abschneiden und auf 4 Teller legen. Das Orangenragout filigran rundherum anrichten.

Zartbitter-Schokoladentarte mit Aprikosen und weißer Schokoladensauce

Zutaten
für 4 Personen

Schokoladentarte

125 g	Zartbitterkuvertüre (60–70 % Kakaoanteil)
2	Eigelb
20 g	Zucker
4	Eiweiß
20 g	Zucker
15 g	Stärke

Aprikosenkompott und -sorbet

500 g	reife Aprikosen, halbiert ohne Stein
20	frische Mandelkerne
60 g	Zucker
8 cl	Aprikosenbrand
100 ml	Wasser (Mineralwasser)
3	Sternanis
2 g	farbloser Tortenguss mit 2 Esslöffel Wasser angerührt

Mark von 1 Vanilleschote

weiße Schokoladensauce

500 g	Sahne
1/2	Vanillestange
6	Eigelb
200 g	weiße Kuvertüre

Zubereitung

Die Masse für die Zartbitter-Schokoladentarte wird aus 3 Grundmassen zusammengerührt. Die erste Masse ist die in einem Wasserbad geschmolzene Kuvertüre, die nicht wärmer als 36 °C werden sollte. Die zweite Masse besteht aus dem Eigelb und 20 g Zucker, die zusammen zu einer hellen, schaumigen Masse aufgeschlagen wird. Die dritte Masse besteht aus Eiweiß, das mit Zucker und Stärke zu Schnee aufgeschlagen wird. Nun fügt man alle drei Massen folgendermaßen zusammen: Man gibt die warme Kuvertüremasse mit einem Schneebesen in die Eigelbmasse und hebt dann die Eiweißmasse mit einem Gummischaber unter. Diese

Weintipp Baron de Forrester 30 Jahre Offley Portwein, Portugal (siehe Seite 168, Nr. 9)
Weinglastyp: Dessertweine
Vorher öffnen: nein
Dekantieren: nein

Masse stellt man nun in dieser Schüssel kalt. Des Weiteren buttert man flache Tarteletteformen und stellt diese ebenso kalt.
Nach ca. 30 Minuten streicht man die Masse gleichmäßig ohne Luftblasen in die vorbereiteten Tarteletteformen. Bei 200 °C Ober-/Unterhitze im Backofen auf dem Boden stehend 6 Minuten backen. Die Tarte gehen an der Seite etwas auf, sie sollte jedoch noch einen flüssigen Kern haben.

Für das Aprikosenkompott und -sorbet den Zucker in einem Topf bernsteinfarben karamellisieren. Diesen hellen Karamell mit Aprikosenbrand ablöschen und mit Mineralwasser, der ausgekratzten Vanilleschote und Sternanis sirupartig einkochen. Nun die Aprikosen mit der Schnittfläche nach unten nebeneinander in den Sirup legen und mit Aluminiumfolie abgedeckt im Backofen bei 180 °C Ober-/Unterhitze 20 Minuten schmoren. Von den weichen Aprikosen mit einem kleinen Messer die Haut abziehen und die Aprikosen beiseite stellen. Den Sud mit dem angerührten Tortenguss verrühren, 1 Minute leicht köcheln lassen und durch ein feines Sieb gießen. Die Hälfte der Aprikosen und des Suds mit einem Pürierstab fein pürieren und in einer Eismaschine cremig frieren. Die restlichen Aprikosen als Kompott mit dem Sud zurückbehalten.

Für die weiße Schokoladensauce die Sahne mit der Vanillestange aufkochen und unter die Eigelbe rühren. Die Flüssigkeit bei gelinder Hitze unter ständigem Rühren am Topfboden abbinden. Die weiße Kuvertüre zerkleinern und unter die Eimasse rühren. Wenn die Kuvertüre sich aufgelöst hat, durch ein Sieb gießen und im Eiswasserbad abkühlen.

Anrichten
4 Teller mit weißer Schokoladensauce kreisrund angießen. Die gebackene Tarte direkt in die Sauce stürzen. Die Aprikosen in 4 Kompottschalen verteilen und mit den frischen Mandelkernen garnieren. Zum Schluss das Aprikosensorbet mit einem Esslöffel zu Nocken geformt auf das Kompott geben und servieren.

Zutaten
für 4–6 Personen

Soufflé

250 g	vollreife, kleine Erdbeeren, geputzt und gewaschen
80 g	Zucker
3 cl	Tresterbrand
30 g	Weizenstärke
60 g	Eiweiß
30 ml	Champagner
40 g	flüssige Butter

Mark 1/2 Vanilleschote

Zucker zum Ausstreuen der Champagnergläser

Pistazieneis

500 ml	Vollmilch
200 g	grüne Pistazienkerne, ohne Schale
6	Eigelb
70 g	Zucker

Mark einer Vanilleschote

Zubereitung

Für das Soufflé die Erdbeeren vierteln oder in Scheiben schneiden, mit 40 g Zucker bestreuen und 2 Stunden durchziehen lassen. 150 g der Erdbeeren mit Vanillemark pürieren und die Hälfte des Pürees aufkochen. Den Rest der Erdbeeren als Salat zum Pistazieneis zurückbehalten. Tresterbrand und Stärke glatt rühren und das aufgekochte Erdbeermark damit abbinden. Nochmals 1–2 Minuten leicht köcheln lassen. Nun die zweite Hälfte des Erdbeermarks dazugeben und kalt stellen. Eiweiß und die restlichen 40 g Zucker zu einem cremigen Schnee aufschlagen. Zwischenzeitlich Champagnergläser (mit geradem Rand) am Rand mit flüssiger Butter sorgfältig auspinseln. 2 Esslöffel Zucker in das erste Glas schütten und durch Drehen des Glases in waagerechter Haltung die Zuckerkristalle am gebutterten Glasrand verteilen. Den restlichen Zucker ausschütten und alle Gläser so vorbereiten.

Den Eischnee und die kalte Erdbeermasse zusammen mit dem Champagner vorsichtig vermengen und in die Gläser füllen. Füllmenge bis 1 cm unter den Glasrand.

Für das Pistazieneis die Milch mit der ausgeschabten Vanilleschote aufkochen. Die Pistazien in einer beschichteten Pfanne leicht anrösten. Eigelb und Zucker in einer Schüssel glatt rühren und die heiße Milch darauf gießen. Nun die Masse in einem Topf unter ständigem, behutsamen Rühren nochmals auf 70 °C erwärmen. Sobald eine cremige Bindung entsteht, vom Herd nehmen und in einer Schüssel mit Eiswasser herunterkühlen. Die gerösteten Pistazienkerne dazugeben und auskühlen lassen. Dann die Masse fein mixen und durch ein feines Sieb passieren. Die kalte Masse in einer Eismaschine zur cremigen Konsistenz frieren. Die vorbereiteten Soufflégläser vorsichtig einzeln in ein feuchtes Küchenkrepp einwickeln und im 1 cm hohen Wasserbad bei 170 °C Ober-/Unterhitze im vorgeheizten Backofen 16–18 Minuten backen.

Anrichten
Die restlichen gezuckerten Erdbeeren auf 4 Teller verteilen, das Pistazieneis mit einem Löffel zu ovalen Nocken formen und darauf legen. Soufflés aus dem Ofen nehmen und die feuchten Kripptücher entfernen. Sofort servieren.

Weintipp Veuve Clicquot Rich Réserve, Champagne/Frankreich
(siehe Seite 168, Nr. 9)
Weinglastyp: Schaumweine
Vorher öffnen: nein
Dekantieren: nein

Champagner-Erdbeer-Soufflé mit Pistazieneis

Rhabarbersoufflé mit Mascarponeeis

Zutaten
für 4 Personen

Rhabarbersoufflé
180 g gewaschener Rhabarber
40 g frische Himbeeren
60 g Zucker
3 Eiweiß
30 g Zucker
15 g Weizenpuder
flüssige Butter zum Einfetten

Mascarponeeis
500 g Mascarpone
150 g Zucker
Saft von 1 1/2 Zitronen
50 ml Milch

Rhabarberkompott
2 Stangen Rhabarber
100 g Zucker
1 Vanillestange
250 ml Weißwein
250 ml Mineralwasser
etwas Stärke zum Binden

Weintipp Rüdesheimer Berg Schlossberg
Riesling Spätlese,
Rheingau/Deutschland
(siehe Seite 168, Nr. 8)
Weinglastyp: Leichte Weißweine
Vorher öffnen: nein
Dekantieren: nein

Zubereitung

Für das Rhabarbersoufflé den gewaschenen Rhabarber klein schneiden, mit den Himbeeren und dem Zucker vermengen und 20 Minuten stehen lassen. Mit einer Küchenmaschine klein mixen und durch ein feines Sieb passieren. Eiweiß in einen Kessel geben und mit einem Schneebesen anschlagen. Wenn es weiß wird, den Zucker und die Stärke zugeben. So lange schlagen, bis ein fester Eischnee entstanden ist. Die Hälfte des Eischnees unter die Masse rühren, dann den Rest vorsichtig unterheben. 4 Porzellanförmchen mit einem Durchmesser von etwa 9 cm mit flüssiger Butter einstreichen und mit Zucker ausstreuen. Die Masse bis zum Rand einfüllen und in einem Wasserbad bei 180 °C Ober-/Unterhitze 22 Minuten backen.

Für das Eis Mascarpone mit Zucker, Zitronensaft und der Milch langsam verrühren, so dass die Masse leicht cremig ist. In einer Eismaschine gefrieren.

Für das Rhabarberkompott den Rhabarber schälen und in gleichmäßige Rauten schneiden. Rhabarberabschnitte, Zucker, Vanilleschote, Weißwein und Wasser ca. 30 Minuten leicht köcheln lassen. Diesen Fond passieren und mit etwas angerührter Stärke binden. Die Rauten werden jetzt im heißen Rhabarberfond langsam gar gezogen. Wenn der Rhabarber noch etwas Biss hat, den Topf zur Seite ziehen und langsam auskühlen lassen.

Anrichten

Das Kompott in 4 Schalen oder tiefe Teller geben und das Mascarponeeis mit einem Löffel in Nocken geformt darauf legen. Das Soufflé in der Form dazu servieren.

Zutaten
für 4 Personen
Schokoladensoufflé

30 g	Butter
40 ml	Milch
125 g	Zartbitterkuvertüre
2	Eigelb
50 g	Zucker
4	Eiweiß (80 g)
20 g	Zucker
10 g	Speisestärke
30 g	flüssige Butter

Banyulskirschen

120 g	Süßkirschen, entsteint
150 ml	Banyulswein
50 ml	Rotwein
6 cl	Kirschwasser
40 g	Zucker
1/2	Vanilleschote
1 St.	Sternanis
1	frisches Lorbeerblatt
5 g	angerührte Speisestärke

200 g	Lakritzeis (siehe Rezept Seite 166)

Weintipp Banyuls Grand Cru Castell des Hospices, Banyuls-sur-Mer, Banyuls/Frankreich (siehe Seite 168, Nr. 14)
Weinglastyp: Dessertweine
Vorher öffnen: nein
Dekantieren: nein

Zartbitter-Schokoladensoufflé mit Banyulskirschen

und Lakritzeis

Zubereitung
Für das Schokoladensoufflé Butter und Milch erwärmen. Die Kuvertüre klein hacken und in der Milch auflösen. Das Eigelb und 20 g Zucker mit einer Rührmaschine 6–8 Minuten cremig rühren. Eiweiß zu einem halbflüssigen Schnee schlagen, Zucker und Stärke dazugeben und steif schlagen. Die Kuvertüremasse unter die Eigelbe mengen, 1/3 des Eischnees dazugeben und glatt rühren. Nun die Masse mit dem restlichen Eischnee vorsichtig vermengen. Zwischenzeitlich die Souffléformen (8 cm Durchmesser) mit flüssiger Butter sorgfältig einpinseln. Den restlichen Zucker in die erste Form schütten und durch Drehen der Form in waagerechter Haltung die Zuckerkristalle am gebutterten Rand verteilen. Den überschüssigen Zucker ausschütten und alle Formen so vorbereiten. Die Soufflémasse bis 1 cm unter den Rand einfüllen und bis zum Ausbacken kalt stellen. Bei Bedarf die Soufflés im Backofen bei 190 °C Ober- und 200 °C Unterhitze im Wasserbad 26 Minuten backen.

Für die Banyulskirschen den Zucker in einem Topf hell karamellisieren, mit Kirschwasser und Rotwein ablöschen. Vanillestange, Sternanis und Lorbeerblatt dazugeben, mit der angerührten Speisestärke binden und 2 Minuten kochen. Banyulswein und Kirschen dazugeben und 2 Stunden bei Zimmertemperatur ziehen lassen. Vor dem Anrichten die Gewürze herausnehmen.

Anrichten
Die Banyulskirschen in 4 tiefe Glasschalen oder Teller geben und eine Nocke Lakritzeis, mit einem Löffel geformt, darauf legen. Die Soufflés separat in den Formen servieren.

Zutaten
für 4 Personen
Waldmeisterschaum

500 ml	Mineralwasser
80 g	Zucker
5 g	Zitronenschale
Saft von 1/2 Zitrone	
1/2	Vanilleschote, längs halbiert und ausgekratzt
2 Bd.	geputzter Waldmeister
3	Blatt Gelatine, in kaltem Wasser eingeweicht
60 g	flüssige Sahne
400 g	vollreife Erdbeeren, geputzt und gewaschen
30 g	Zucker
Saft von 1/2 Zitrone	
20	Zitronenmelisseblätter für die Garnitur

Waldmeisterschaum mit Erdbeeren

Zubereitung
Mineralwasser, Zucker, Zitronenschale, Zitronensaft und Vanilleschote aufkochen und auf Zimmertemperatur abkühlen lassen. Den Waldmeister 24 Stunden darin einlegen. Den Sud durch ein feines Sieb gießen. Die Gelatine gut ausgedrückt in 2 Esslöffeln Sahne erwärmen und auflösen. Den Sud und die restliche Sahne in die aufgelöste Gelatine rühren. Nun den Sud in ein Sahnesiphon gießen und 6 Stunden kalt stellen. Vor dem Gebrauch mit 2 Sahnespenderpatronen (Pressluftpatronen) versetzen und gut schütteln. Die Hälfte der Erdbeeren in dünne Scheiben schneiden. Die restlichen Erdbeeren mit Zucker und Zitronensaft marinieren.

Anrichten
Die Erdbeerscheiben in 4 Glasschalen am Rand entlang legen. Die restlichen Erdbeeren geviertelt in die Schalenmitte legen. Den Waldmeisterschaum behutsam und langsam in die Schalen spritzen. Mit Zitronenmelisseblättern garnieren.

Weintipp Trittenheimer Altärchen
Riesling Auslese,
Mosel/Deutschland
(siehe Seite 168, Nr. 7)
Weinglastyp: Dessertweine
Vorher öffnen: nein
Dekantieren: nein

Zutaten
für 4 Personen

Pfirsiche mit Verveinearoma

120 ml	Mineralwasser
200 ml	Weißwein
50 g	Zucker
1	Vanilleschote
4 cl	Pfirsichlikör
2	Sternanis
1	Mokkalöffel Koriandersamen, geschrotet
1/4	Zimtstange
5 g	Zitronenschale, gewaschen (nur die reine, gelbe Schale)
5 cl	gesüßte Mandelmilch
4	vollreife Pfirsiche
1 Bd.	frische Verveine

Mandelmousse (siehe Rezept Seite 166)

Pfirsichsabayon

120 ml	Pfirsich-Verveine-Sud
20 g	Zucker
2 cl	Pfirsichlikör
4	Eigelb

Riesling-Auslese-Eis
(siehe Rezept Seite 166)

Weintipp Trittenheimer Apotheke
Riesling Auslese,
Mosel/Deutschland
(siehe Seite 168, Nr. 7)
Weinglastyp: Dessertweine
Vorher öffnen: nein
Dekantieren: nein

Weißer Pfirsich mit Verveinearoma und Riesling-

Zubereitung
Alle Zutaten außer Pfirsiche, Verveine und Mandelmousse in einem Topf bei mittlerer Hitze 10 Minuten köcheln lassen.

Mit einer Zange den Pfirsichstein am Stielansatz vorsichtig herausdrehen. Den ganzen Pfirsich sowie das Verveinekraut in die Flüssigkeit legen und 10 Minuten ohne zu kochen ziehen lassen. Mit einem kleinen Messer die Haut abziehen und den Sud durch ein feines Sieb gießen. Den Pfirsich abtropfen lassen und mit Mandelmousse füllen. Das restliche Mousse in 4 Ringe mit einem Durchmesser in Größe der Pfirsiche füllen und alles kalt stellen.

Für das Pfirsichsabayon alle Zutaten in einer Metallschüssel im heißen Wasserbad mit einem Schneebesen 8–10 Minuten cremig-luftig schlagen. Nun das Sabayon in einer Küchenmaschine bei hoher Geschwindigkeit 6–8 Minuten kalt rühren.

Anrichten
20 Minuten vor dem Anrichten die Pfirsiche aus dem Kühlschrank nehmen. Die Ringe mit Mandelmousse auf 4 Teller legen und die Ringe abziehen. Die Pfirsiche darauf setzen und das Eis mit einem Löffel abgestochen daneben platzieren. Zum Schluss das Sabayon über die Pfirsiche laufen lassen.

Tipp Eine selbstgemachte Himbeersauce krönt geschmack- und farblich dieses Dessert.

Zutaten
für 4 Personen

Kaffeesauce

125 g	Sahne
1/4	Vanilleschote
15 g	Kaffeebohnen
2	Eigelb
20 g	Zucker
2 cl	Kaffeelikör

Apfelcrêpe

125 ml	Vollmilch
70 g	gesiebtes Weizenmehl
3	Eier
2 cl	Calvados
1 Pr.	Salz
20 g	Zucker
1 Msp.	gemahlener Zimt
4	fruchtige, nicht mehlige Äpfel (Braeburn), geschält, halbiert und ohne Kernhaus
30 g	Butter
4	Kugeln Karamelleis (siehe Rezept Seite 166)
50 g	Puderzucker

Karamellisierter Apfelcrêpe mit Kaffeesauce unc

Karamelleis

Zubereitung
Für die Kaffeesauce die Sahne mit der Vanilleschote und den Kaffeebohnen aufkochen. Eigelb, Zucker und Kaffeelikör cremig rühren. Die heiße Sahne in die Eigelbmasse rühren und nochmals unter ständigem Rühren erwärmen, bis eine cremige Konsistenz entsteht. Nun die Flüssigkeit in ein zweites Gefäß füllen und 2 Stunden stehen lassen. Zum Schluss die kalte Sauce durch ein feines Sieb gießen.

Für den Crêpe Vollmilch und Mehl zu einem glatten Teig verrühren. Eier, Calvados, Salz, Zucker und Zimt dazugeben. Durch ein feines Sieb gießen und 1 Stunde kühl stellen. Die Apfelhälften in 2,5 mm dünne Scheiben schneiden. Den Crêpeteig in einer beschichteten Pfanne mit wenig Butter von unten leicht anbacken. Die Apfelscheiben rund und schuppenartig in den halbflüssigen Crêpe legen. Den Apfelcrêpe in der Pfanne mit Puderzucker bestäuben und im Backofen mit eingeschalteter Grillstufe bernsteinfarben karamellisieren.

Anrichten
Die Apfelcrêpe sofort heiß auf 4 Teller legen und dazu jeweils 1 Kugel Karamelleis geben. Die Kaffeesauce separat dazureichen.

Weintipp Pinot Gris
Beerenauslese
Wittmannshof,
Burgenland/Österreich
(siehe Seite 168, Nr. 5)
Weinglastyp: Dessertweine
Vorher öffnen: 1 Stunde
Dekantieren: ja

Zutaten
für 4 Personen

6	mittelgroße, reife Äpfel (vollmundig und fruchtig im Aroma)
30 g	Biskuitbrösel (beim Bäcker erhältlich)
700 ml	Cidre (französischer Apfelwein)
10 g	Zitronenschale
5 g	Zimtstange
1	Vanilleschote, ausgeschabt
4	Eigelb
4 cl	Calvados
1	Blatt Gelatine, in kaltem Wasser eingeweicht
75 g	Zucker

Tempurateig (siehe Seite 163)
Schale von 5 gewaschenen, grünen Äpfeln (Granny Smith)

Weintipp Trittenheimer Apotheke
Riesling Auslese,
Mosel/Deutschland
(siehe Seite 168, Nr. 7)
Weinglastyp: Dessertweine
Vorher öffnen: nein
Dekantieren: nein

Zubereitung
Die Äpfel schälen und bei 4 Äpfeln mit einem Ausstecher (5 cm Durchmesser) vom Stiel zum Kern einen Zylinder ausstechen. Mit einem zweiten Ausstecher (5,5 cm) den Zylinder nochmals gleichmäßig ausstechen. Den hohlen Zylinder in Bisquitbrösel wälzen, bei Bedarf in Tempurateig tauchen und bei 155 °C knusprig goldgelb backen.

Die Apfelreste und die Schalen der grünen Äpfel werden mit 45 g Zucker, 500 ml Cidrewein, der Zitronenschale, der Zimtstange und der Vanilleschote mit dem ausgeschabten Mark aufgekocht, dann 20 Minuten ziehen lassen. Mit einem Pürierstab kurz durchmixen und durch ein feines Sieb passieren.
150 ml Flüssigkeit abmessen und zusammen mit den Eigelben, 2 cl Calvados und 30 g Zucker bei Bedarf im heißen Wasserbad zu einem Sabayon aufschlagen. Die eingeweichte und ausgedrückte Gelatine im restlichen heißen Apfelsud auflösen und kalt stellen. Den kalten Sud (mit den grünen Apfelschalen) fein mixen und nochmals durch ein feines Sieb passieren. 2 cl Calvados dazugeben und in einer Eis- oder Sorbetmaschine zu cremiger Konsistenz gefrieren. Sowohl der Sabayon als auch das Sorbet können am Schluss mit etwas Cidre nochmals aromatisiert werden.

Anrichten
Die restlichen 2 Äpfel ohne Kernhaus grob raspeln und als Nest auf 4 Tellern anrichten. Das Apfelsorbet mit einem Löffel zu ovalen Nocken formen und darauf anrichten. Die gebackenen Apfelzylinder daneben stellen und mit dem Apfelsabayon füllen.

Zutaten
für 4 Personen

6 St.	reife Williams-Christ-Birnen
125 g	zerkleinerte Zartbitter-schokolade
2	Eigelb
15 g	Zucker
4	Eiweiß
10 g	Weizenpuder
4	Biskuit-Taler, Durchmesser 3 cm, 5 mm dick (Biskuitboden vom Bäcker)

Tempurateig zum Ausbacken (siehe Rezept Seite 163)
Birnensorbet (siehe Rezept Seite 165)

1 l	Pflanzenfett zum Ausbacken

Williams-Christ-Sabayon (siehe Rezept Seite 166)

Weintipp Warre's Otima 10 Jahre
Warre's Portwein, Portugal
(siehe Seite 168, Nr. 3)
Weinglastyp: Dessertweine
Vorher öffnen: nein
Dekantieren: nein

Birnenkrapfen mit Zartbitter-Schokoladen-Fondant

Quittensuppe mit Topfenmousse und weißem Schokoladeneis

Für die Topfenmousse den in einem Tuch abgehangenen Quark mit Zitronen- und Orangenabrieb sowie dem Mark der Vanilleschote vermengen. Kirschwasser und Rum aufkochen und die eingeweichte Gelatine ausdrücken und darin auflösen. Eiweiß mit Zucker aufschlagen. Topfen langsam zur Alkohol-Gelatine-Mischung geben. Den Eisschnee und die geschlagene Sahne unterziehen.

Weintipp Rüdesheimer Berg Schlossberg Riesling Spätlese, Rheingau/Deutschland (siehe Seite 168, Nr. 8)
Weinglastyp: Leichte Weißweine
Vorher öffnen: nein
Dekantieren: nein

Für das weiße Schokoladeneis die Milch mit der Sahne, Crème de Cacao und der ausgekratzten Vanilleschote in einem großen Topf aufkochen lassen. Diese kochende Flüssigkeit nun langsam auf die Eigelbe gießen. Die Masse nun zurück in den Topf geben. Unter ständigem Rühren am Topfboden erhitzen, bis eine cremige Konsistenz entsteht. Kuvertüre zugeben und abseits etwas auskühlen lassen. Die Masse durch ein Sieb geben und in der Eismaschine frieren.

Anrichten
Die Quittensuppe in tiefen Tellern mit einer Nocke Topfenmousse servieren. Das weiße Schokoladeneis separat dazureichen.

Rumsavarin mit glasierter Ananas und Kokoseis

Zutaten
für 4 Personen

Rumsavarin mit glasierter Ananas

1	vollreife Ananas, geschält und ohne Strunk
10 g	Zucker
100 ml	Rieslingwein
1	Vanilleschote
4	Sternanis
1/4	Zimtstange
1 TL	Speisestärke, in Wasser angerührt
100 g	gesiebtes Weizenmehl Typ 504
30 ml	lauwarme Milch
5 g	Frischhefewürfel
2	Eier
1 Pr.	Salz
60 g	Butter (Raumtemperatur)
40 g	Zucker
6 cl	Rum bester Qualität
2 EL	flüssige Butter

Limonensaft
Puderzucker zum Bestäuben

Kokoseis

100 g	Kokosraspeln
250 ml	Milch
250 g	Sahne
1	Vanilleschote
45 ml	Kokoslikör
50 g	Kokosmark
6	Eigelb
30 g	Zucker

Zubereitung
Die Ananas in 3 mm dünne Scheiben schneiden und auf einem Blech gleichmäßig ausbreiten. Den Zucker in einem Topf hellbraun karamellisieren und mit Riesling und Limonensaft ablöschen. Vanilleschote längs halbieren und mit einem kleinen Messer das Mark herausschaben. Mark und Schote sowie die restlichen Gewürze zufügen. Den Sud mit der angerührten Speisestärke auf die gewünschte Konsistenz binden und 3–4 Minuten leicht köcheln lassen.

Tipp Im warmen Sud einen Rosmarinzweig ziehen lassen. Nun den warmen Sud mit den Gewürzen über die Ananasscheiben gießen und mit Klarsichtfolie abdecken. Die Ananas ca. 12 Stunden im Kühlschrank ziehen lassen.

Weintipp Ruster Ausbruch
Weingut Feiler-Artinger, Rust, Neusiedlersee-Hügelland/Österreich
(siehe Seite 168, Nr. 13)
Weinglastyp: Dessertweine
Vorher öffnen: nein
Dekantieren: nein

Das Mehl in einer Rührschüssel zusammen mit der in lauwarmer Milch aufgelösten Hefe sowie 2 cl Rum, den Eiern und 1 Prise Salz schnell zu einem glatten Teig verkneten und mit einem Handtuch abgedeckt 30 Minuten stehen lassen. Anschließend Butter und Zucker vermengen und wiederum unter den Teig arbeiten. Den Teig in den Spritzbeutel geben und in die ausgebutterten Formen gleichmäßig einfüllen. Den Teig nochmals 30 Minuten in den Formen gehen lassen. Den gegangenen Teig im vorgeheizten Backofen bei 200 °C Oberhitze ca. 10 Minuten goldbraun backen.

Für das Kokoseis die Kokosraspeln im Backofen mit reiner Oberhitze (Grillstufe) gleichmäßig bräunen. Die Raspeln zusammen mit der Vanilleschote in die kochende Milch-Sahne-Flüssigkeit geben. Likör und Kokosmark zugeben und 1 Stunde ohne Hitze ziehen lassen. Eigelb und Zucker cremig verrühren und die Kokos-Sahne-Flüssigkeit darauf gießen. Unter gleichmäßigem Rühren am Topfboden langsam erhitzen, bis die Flüssigkeit Bindung bekommt (man nennt diesen Vorgang auch zur Rose abziehen). Sobald die Bindung erreicht ist, durch ein feines Sieb gießen und in Eiswasser erkalten lassen. Die Eisgrundmasse in einer Eismaschine frieren.

Anrichten
Die Ananasscheiben auf 4 Tellern anrichten. Den zurückbehaltenen Sud erwärmen und den restlichen Rum dazugeben. Die gebackenen Savarins in dem Sud tränken und mit Puderzucker bestäuben. Mit dem restlichen Sud die Ananasscheiben übergießen. Das Kokoseis mit einem Löffel rund ausstechen und in der Mitte der Savarins je 1 Kugel legen. Als Garnitur können Granatapfelstücke, Mangowürfel, Physalis und Schokoladenornamente verwendet werden.

Zutaten
für 4 Personen

Waldheidelbeerkompott

30 g	Zucker
200 ml	Weißwein
1	Vanilleschote
5 g	Zitronenschale
2,5 g	Tortengusspulver, ohne Farbstoff, mit Wasser angerührt
200 g	Waldheidelbeeren, klein sortiert, ohne Blätter (zerdrückte Beeren zurückbehalten)
1	Zitronenmelissenzweig
5 cl	Mineralwasser mit Kohlensäure

Kartoffelwaffeln

250 g	mehlige Kartoffeln, in der Schale gekocht, geschält und fein zerdrückt
3	Eiweiß
2	Eigelb
75 g	Crème fraîche
3 g	Salz
15 g	Zucker
30 g	Puderzucker

Joghurtsorbet (siehe Rezept Seite 166)

Waldheidelbeerkompott mit Kartoffelwaffeln

Zubereitung
Für das Waldheidelbeerkompott den Zucker in einem Topf karamellisieren und mit Weißwein ablöschen. Die Vanilleschote und Zitronenschale zugeben und mit angerührtem Tortenguss binden. Die zerdrückten zurückbehaltenen Beeren sowie die Zitronenmelisse dazugeben und 1 Stunde kalt stellen. Den kalten Sud durch ein feines Sieb gießen und die schönen Heidelbeeren darin marinieren. Kurz vor dem Anrichten das Mineralwasser vorsichtig unter die Heidelbeeren rühren. Dadurch wird die Kohlensäure in der gelierten Flüssigkeit gebunden.

Für die Kartoffelwaffeln die Kartoffeln und das Eiweiß in einer Küchenmaschine 10 Minuten aufschlagen. Zum Schluss Eigelb, Crème fraîche, Salz und Zucker dazugeben und glatt rühren. Die Masse in einem beschichteten Waffeleisen goldgelb backen und die fertigen Waffeln vor dem Servieren mit Puderzucker bestäuben.

Anrichten
Die Heidelbeeren in 4 tiefe Suppen- oder Pastateller gießen und jeweils 1 Kugel Joghurtsorbet in das Heidelbeerkompott legen. Die warmen Kartoffelwaffeln separat dazureichen.

Zutaten
für 4–6 Personen

Crème brûlée

375 g	Sahne
125 ml	Milch
75 g	Zucker
1/2	Vanilleschote
5	Eigelb

brauner Zucker zum Karamellisieren

Orangenjus

100 g	Zucker
750 ml	Orangensaft
1	Zimtstange
1	Sternanis
1/2	Vanilleschote
40 g	Stärke

Vollmilch-Schokoladeneis (Fertig-Schokoladeneis)

Crème brûlée mit Orangenjus und Vollmilch-Schokoladeneis

Zubereitung
Für die Crème brûlèe die Sahne, Milch, Zucker und die ausgekratzte Vanilleschote aufkochen lassen. Die Eigelbe in eine Schüssel geben und unter ständigem Rühren die heiße Sahne-Milch-Masse unterrühren; danach die Masse durch ein Sieb gießen und in tiefe Teller füllen. Die Teller abdecken und in ein mit nassen Tüchern ausgelegtes Blech stellen. Dieses bei 110 °C 25 Minuten in den Ofen geben, bis die Crème gestockt ist, sich jedoch keine Blasen gebildet haben. Die Crème einen 1/2 Tag erkalten lassen. Vor dem Servieren mit braunem Zucker bestreuen und mit Hilfe einer Gasflamme karamellisieren.

Für den Orangenjus den Zucker ohne Farbe schmelzen lassen. Diesen hellen Karamell mit 500 ml Orangensaft ablöschen. Dazu gibt man die Zimtstange, den Sternanis und die ausgekratzte Vanilleschote und lässt die Flüssigkeit um die Hälfte reduzieren. Flüssigkeit mit der Stärke andicken. Der Saft muss leicht zähflüssig sein. Danach wird frischer Orangensaft zugegeben, bis die gewünschte Konsistenz erreicht ist. Eventuell etwas nachzuckern.

Da man teure Maschinen benötigt, und es sehr aufwändig ist, ein Eis selber herzustellen, ist es ratsam, auf ein gutes Fertig-Schokoladeneis zurückzugreifen.

Anrichten
Die Orangen in einer Kompottschale mit dem Schokoladeneis dazu reichen.

Weintipp Grande Cuvée
Trockenbeerenauslese
Weingut Alois Kracher, Illmitz,
Neusiedlersee/Österreich
(siehe Seite 168, Nr. 13)
Weinglastyp: Dessertweine
Vorher öffnen: nein
Dekantieren: nein

Zutaten
für 4 Personen

Panna-Cotta

1 l	Sahne
1	Vanilleschote, längs halbiert und ausgeschabt
1,5	Blatt Gelatine, in kaltem Wasser eingeweicht
60 g	Blütenhonig
10 g	Limonenschale

Tempurateig (siehe Rezept Seite 163)
Eiswasser

Basilikumsorbet

400 ml	Mineralwasser
150 ml	Läuterzucker (siehe Rezept Seite 167)
1 Bd.	Basilikum, gezupft, gewaschen und abgetropft
1/2	Blatt Gelatine, in kaltem Wasser eingeweicht
25 ml	frisch gepresster Zitronensaft
20 g	Puderzucker
250 g	frische, kleine Himbeeren

alter Balsamico (10–12 Jahre)

Weintipp Brauneberger Juffer Sonnenuhr Riesling Beerenauslese, Mosel/Deutschland (siehe Seite 168, Nr. 10)
Weinglastyp: Dessertweine
Vorher öffnen: nein
Dekantieren: nein

Panna-Cotta mit Himbeeren, Basilikumsorbet und

Zubereitung
Für die Panna-Cotta die Sahne mit der Vanilleschote bei geringer Hitze auf 0,75 l langsam reduzieren. Die Gelatine ausdrücken und in der Sahne auflösen. Honig und Limonenschale zugeben und 20 Minuten ohne Hitze ziehen lassen. Die Sahne durch ein feines Sieb gießen und im Eiswasserbad langsam kalt rühren. Die völlig erkaltete Sahne in Martinischalen gießen und 8 Stunden durchkühlen lassen.
Den Tempurateig mit einem Löffel auf 8 Pergamentblätter 12 x 4 cm fast bis zum Rand dünn aufstreichen und mit einem zweiten Blatt abgedeckt im Fettbad bei 150 °C goldgelb ausbacken.

Für das Basilikumsorbet Mineralwasser, Läuterzucker und Basilikum bei Kühlschranktemperatur in einem Mixer fein zerkleinern und durch ein Sieb passieren. Die Gelatine ausdrücken und bei geringer Hitze auflösen. Zitronensaft und Gelatine unter die eiskalte Basilikumflüssigkeit geben und in einer Eis- oder Sorbetmaschine cremig frieren.

Anrichten
Die Tempurablätter mit Puderzucker bestäuben und mit den Himbeeren belegen. Pro Person werden 2 belegte Blätter benötigt. Die Panna-Cotta je nach Belieben im Glas servieren oder auf einen Teller gestürzt, mit dem aufgetürmten Himbeerfeuilletée und dem zu Nocken abgestochenen Basilikumsorbet anrichten. Zum Schluss wenig alten (10–12 Jahre) Balsamico über die Panna-Cotta träufeln.

Die Grundrezepte

Das letzte Kapitel dieses Buches befasst sich mit Vinaigretten, Fonds, Saucen, Teigen – eben allem, was die Basis für ein gutes Gericht bildet.

Auf dem angerichteten Teller treten die hier aufgeführten Dinge optisch in den Hintergrund, aber sie sind ausschlaggebend für das Aroma. Wer daher glaubt, er könne hier mit minderwertigen Produkten arbeiten, wird enttäuscht sein. Es ist ein großer Unterschied, ob Sie einen Wein ansetzen, den Sie nicht trinken würden – ist ja nur zum Kochen – oder ob Sie eine ordentliche, mittlere Qualität verwenden.

Durch das Reduzieren werden nicht nur positive Aromen potenziert, sondern auch unangenehme. So kann ein leichter Kork zu Ungenießbarkeit führen. Achten Sie also auch hier besonders auf Qualität. Probieren Sie das Öl, den Balsamico und die anderen Zutaten unbedingt vor der Verarbeitung.

Vinaigretten

Apfel-Balsamico-Vinaigrette

I geschälte Schalotte, in feine Würfel geschnitten
1/2 Knoblauchzehe, geschält und zerkleinert
1/4 gewaschener Apfel, ohne Kernhaus und zerkleinert
50 g Staudensellerie
I dünne Scheibe geräucherter Bauchspeck
I EL Olivenöl
20 ml Geflügelbrühe
1/2 Lorbeerblatt
5 zerdrückte Pfefferkörner
I gewaschener Thymianzweig,
50 ml Apfel-Balsamico
I TL Dijonsenf
80 ml kaltgepresstes Olivenöl
30 ml Walnussöl
50 ml Maiskeimöl
2 gewaschene Basilikumzweige
Salz, weißer Pfeffer aus der Mühle
Zucker

Zubereitung:
Schalotte, Knoblauch, Apfel, Staudensellerie und Bauchspeck mit I Esslöffel Olivenöl farblos andünsten. Mit Geflügelbrühe angießen, Lorbeerblatt, Pfefferkörner und Thymian dazugeben und wenig reduzieren. Apfel-Balsamico und Senf unterrühren und durch ein feines Sieb gießen. Nach und nach die aufgeführten Öle in einem dünnen Faden unterrühren und mit Salz, Zucker und eventuell Pfeffer abschmecken. Die Basilikumzweige dazugeben und I Stunde damit aromatisieren. Die Zweige herausnehmen und die Vinaigrette bis zum Gebrauch kühl aufbewahren.

Artischockenvinaigrette

für 500 ml Vinaigrette
8 Artischocken, davon die Blätter (violettgelbe aus der Mitte)
2 EL Olivenöl
3 geschälte und klein geschnittene Schalotten
50 g Staudensellerie, gewaschen und zerkleinert
50 g absolut weiße Champignons
I frisches Lorbeerblatt
2 geschälte Knoblauchzehen, zerkleinert
8 cl Noilly Prat (trockener Wermut)
80–100 ml weißer Balsamico oder Estragonessig
40 g geräucherter Bauchspeck
I l Geflügelbrühe
1/2 Bd. Blattpetersilie, gewaschen und gezupft (Stiele aufbewahren)
I Thymianzweig
350 ml ligurisches Olivenöl
I Mokkalöffel Dijonsenf
Salz
weißer Pfeffer aus der Mühle
Saft einer Limone
Zucker

Zubereitung:
Die in Zitronenwasser eingelegten Artischockenblätter abschütten und abtropfen. Nun die Blätter in 2 Esslöffeln Olivenöl zusammen mit den Schalotten, Staudensellerie, Champignons, Lorbeerblatt und Knoblauch farblos in einem Topf bei mittlerer Hitze anschwitzen. Ablöschen mit Noilly Prat und etwas weißem Balsamico. Bauchspeck sowie Geflügelbrühe zugeben und 20 Minuten leicht köcheln lassen. Alles zusammen in einem Küchenmixer kurz aufmixen und durch ein sehr feines Sieb gießen. Die erhaltene Flüssigkeit auf 150 ml Liter einkochen und zum Schluss die Stiele der gezupften Petersilie sowie den Thymianzweig dazugeben. Nach 20 Minuten nochmals passieren. Den restlichen Essig und den Dijonsenf zugeben und mit einem Schneebesen nach und nach das Olivenöl einrühren. Mit Salz, Pfeffer, Limone und Zucker abschmecken. Zum Schluss die fein geschnittenen Blatt-petersilienblätter dazugeben.

Champagnervinaigrette

I Schalotte, geschält und fein gewürfelt
4 Champignons, gewaschen und zerkleinert
30 g Staudensellerie, gewaschen und zerkleinert
I EL Olivenöl
30 ml Champagneressig
30 ml weißer Traubensaft
5 zerdrückte Pfefferkörner
I frisches Lorbeerblatt
I gewaschener Thymianzweig
I TL Dijonsenf
50 ml Champagner
150 ml kaltgepresstes Olivenöl
100 ml Traubenkernöl
I Estragonzweig
I gewaschener Blattpetersiliezweig
Limonensaft
Salz, Zucker

Zubereitung:
Schalotte, Champignons und Staudensellerie in I Esslöffel Olivenöl farblos anschwitzen. Champagneressig, Traubensaft, Pfefferkörner, Lorbeer und Thymian dazugeben, auf die Hälfte reduzieren und durch ein feines Sieb gießen. Dijonsenf und Champagner zugeben und nach und nach das Oliven- und Traubenkernöl in einem dünnen Faden unterrühren. Mit Salz, Zucker und Limonensaft würzen sowie den Petersilie- und Estragonzweig dazugeben. Nach einer Stunde die Kräuter herausnehmen und die Vinaigrette bis zum Gebrauch kühl aufbewahren.

Gemüsevinaigrette

80 g Kartoffeln, roh geschält und gewürfelt
50 g Staudensellerie, gewaschen und zerkleinert
3 Schalotten, geschält und in feine Würfel geschnitten
50 g Weißes vom Lauch
30 g Karotte, gewaschen und zerkleinert
5 weiße, zerkleinerte Champignons
4 Knoblauchzehen, geschält und zerkleinert
2 EL Olivenöl
10 zerdrückte Pfefferkörner
2 frische Lorbeerblätter
I Thymianzweig
250 ml Gemüse- oder Geflügelbrühe
70 ml Estragonessig
2 TL Dijonsenf
100 ml kaltgepresstes Olivenöl
150 ml Traubenkernöl

2 Blattpetersilienzweig
2 Estragonzweig
Salz, weißer Pfeffer aus der Mühle
Zucker, Limonensaft

Zubereitung:
Das Gemüse, Champignons und Knoblauch in 2 Esslöffeln Olivenöl farblos anschwitzen. Pfefferkörner, Lorbeerblätter, Thymianzweig und Gemüsebrühe dazugeben und auf 1/4 einkochen. Durch ein Sieb gießen und die Reduktion mit Estragonessig und Senf verrühren. Nach und nach die Öle in einem dünnen Faden unterrühren. Blattpetersilie und Estragonzweig dazugeben und eine Stunde stehen lassen. Die Kräuter anschließend herausnehmen, mit Salz, Pfeffer, Zucker und Limonensaft würzen. Die Vinaigrette bis zum Gebrauch kühl aufbewahren.

Himbeervinaigrette

100 ml Himbeeressig
100 g Frosthimbeeren
30 g Zucker
1/2 längs halbierte Vanilleschote
1 Mokkalöffel Dijonsenf
100 ml Geflügelbrühe
70 ml kaltgepresstes Olivenöl
100 ml Traubenkernöl
70 ml Walnussöl
1/2 Bd. Basilikum, gewaschen und abgetropft
Salz und weißer Pfeffer aus der Mühle

Zubereitung:
Himbeeressig, Frosthimbeeren, Zucker und die Vanilleschote aufkochen und abgedeckt 24 Stunden im Kühlschrank ziehen lassen. Den Essig am Folgetag durch ein feines Sieb gießen und Senf und die Geflügelbrühe zugeben. Alle Öle bei Zimmertemperatur vorsichtig nach und nach unterrühren und mit Salz und Pfeffer würzen. Den Basilikum auflegen und 2 Stunden ziehen lassen. Den Basilikum herausnehmen und bis zum Gebrauch kühl aufbewahren.

Trüffelvinaigrette

1 Schalotte, geschält und fein gewürfelt
4 Champignons, gewaschen und zerkleinert
20 g Sellerie, gewaschen und zerkleinert
75 ml Traubenkernöl
1/2 Lorbeerblatt
1 gewaschener Thymianzweig
3 cl Madeira
1 cl Cognac
3 cl Portwein
25 ml Balsamico (mind. 4–6 Jahre alt)
1 Mokkalöffel Dijonsenf
50 ml Trüffelfond (im Feinkostgeschäft erhältlich)
75 ml Maiskeimöl
15 ml Walnussöl
25 g Wintertrüffel, gehackt (frisch oder aus der Konserve)
Salz, Zucker
weißer Pfeffer aus der Mühle

Zubereitung:
Schalotte, Champignons, Sellerie mit 1 Esslöffel Traubenkernöl farblos anschwitzen. Lorbeer, Thymian, Madeira, Cognac und Portwein dazugeben und auf die Hälfte einkochen. Mit Balsamico, Senf und Trüffelfond verrühren und durch ein feines Sieb gießen. Nach und nach die aufgeführten Öle in einem dünnen Faden unterrühren. Abschmecken mit Salz, Pfeffer und Zucker. Zum Schluss den gehackten Trüffel zugeben und bis zum Gebrauch kühl aufbewahren.

Saucen

Fischsauce

für 500 ml Sauce
50 g weiße Zwiebeln, zerkleinert
50 g Fenchel, gewaschen und zerkleinert
50 g Weißes vom Lauch, gewaschen und zerkleinert
100 g absolut weiße Champignons, gewaschen und zerkleinert
30 g geschälte Knollensellerie
1 Knoblauchzehe ohne Trieb, zerkleinert und geschält
2 EL Olivenöl
1 Pr. Zucker
1 Mokkalöffel Champagneressig
0,1 l Noilly Prat (trockener Wermut)
0,1 l Weißwein
0,5 l Fischfond
0,2 l Crème double
1/2 frisches Lorbeerblatt
100 g Butter
2 Verveinezweige (Zitroneneisenkraut)
1 Blattpetersilienzweig
Meersalz aus der Camargue
Cayennepfeffer
Limonensaft

Zubereitung:
Das Gemüse mit Knoblauch in Olivenöl farblos genügend anschwitzen. 1 Prise Zucker, Essig, Noilly Prat und Weißwein zugeben, um 80 % reduzieren, mit Fischfond und Crème double aufgießen. Nochmals um 2/3 mit Lorbeer langsam einkochen. Die Kräuter auflegen und 15 Minuten am Herdrand ziehen lassen. Die Sauce durch ein feines Sieb gießen und mit Meersalz, Cayennepfeffer und Limonensaft würzen. Zum Schluss die Butter nach und nach unterrühren.

Geflügelsauce
für 500 ml Sauce

2 kg	Geflügelknochen, walnussgroß zerkleinert
2	zerkleinerte Hühnerkeulen
200 g	Schalotten, geschält und zerkleinert
60 g	Staudensellerie, gewaschen und zerkleinert
60 g	Karotte, gewaschen und zerkleinert
100 g	Champignons
8	zerdrückte Knoblauchzehen
40 ml	Madeira
40 ml	Portwein
40 ml	Rotwein (Spätburgunder oder Merlot bevorzugt)
60 g	geschälte Tomaten (Konserve)
10	zerdrückte weiße Pfefferkörner
3	frische Lorbeerblätter
1 Pr.	Zucker
4 l	Geflügelbrühe (siehe Rezept Seite 165)
3	Thymianzweige
40 g	Butter

Salz und Butterschmalz zum Braten

Zubereitung:
Die Knochen und die Keulen in Butterschmalz im Backofen bei 240 °C Ober-/Unterhitze rundherum braun rösten. Die Knochen und das überschüssige Fett auf ein Sieb schütten. Schalotten, Gemüse, Champignons und Knoblauch im zurückbehaltenen Topf ebenfalls rundherum anbraten. Madeira, Portwein und Rotwein zugeben und einkochen. Die Geflügelknochen, Tomaten, die Gewürze (außer Thymian), wenig Salz, Zucker und Brühe dazugeben. Etwa 4 Stunden milde köcheln lassen und auf einem feinen Sieb sorgfältig abtropfen lassen. Die Sauce bis auf die gewünschte Konsistenz reduzieren und mit den Thymianzweigen aufgelegt 15 Minuten ziehen lassen. Die Thymianzweige herausnehmen und bei Bedarf mit Butter und Portwein verfeinern.

Kalbssauce
für 500 ml Sauce

2 kg	gehackte Kalbsknochen
1 kg	Kalbfleischparüren (beim Metzger vorbestellen)
200 g	Schalotten, geschält und zerkleinert
60 g	Staudensellerie, gewaschen und zerkleinert
60 g	Karotte, gewaschen und zerkleinert
100 g	weiße Champignons, gewaschen und zerkleinert
8	zerdrückte Knoblauchzehen
100 ml	Rotwein (Spätburgunder oder Merlot bevorzugt)
4 cl	Madeira
60 g	geschälte Tomaten (Konserve)
10	zerdrückte weiße Pfefferkörner
3	frische Lorbeerblätter
4 l	Geflügelbrühe (siehe Rezept Seite 165)
1 Pr.	Zucker
3	Thymianzweige
40 g	Butter

Butterschmalz zum Braten
Salz

Zubereitung:
Die Knochen und Parüren mit Butterschmalz im Backofen bei 240 °C Ober-/Unterhitze rundherum braun rösten. Die Knochen und das überschüssige Fett auf ein Sieb gießen. Schalotten, Gemüse, Champignons und Knoblauch im zurückbehaltenen Topf ebenfalls anbraten. Rotwein und Madeira zugeben und einkochen. Die Knochen, Parüren, Tomaten, Pfeffer, Lorbeer, wenig Salz und 1 Prise Zucker dazugeben und mit Geflügelbrühe aufgießen. Ca. 5 Stunden milde köcheln und anschließend auf einem feinen Sieb sorgfältig abtropfen lassen. Die Sauce bis auf die gewünschte Konsistenz reduzieren und mit den Thymianzweigen aufgelegt 15 Minuten ziehen lassen. Die Thymianzweige herausnehmen und die Sauce mit Butter verfeinern.

Lammsauce
für 500 ml Sauce

2 kg	Lammknochen
500 g	Lammparüren ohne Fett (beim Metzger vorbestellen)
500 g	Kalbfleischparüren (beim Metzger vorbestellen)
200 g	Schalotten, geschält und zerkleinert
60 g	Staudensellerie, gewaschen und zerkleinert
60 g	Karotte, gewaschen und zerkleinert
100 g	weiße Champignons, gewaschen und zerkleinert
8	zerdrückte Knoblauchzehen
200 ml	Rotwein (Cabernet Sauvignon bevorzugt)
60 g	geschälte Tomaten (Konserve)
60 g	frische Tomaten, gewaschen und zerkleinert
10	zerdrückte weiße Pfefferkörner
3	frische Lorbeerblätter
1 Pr.	Zucker
4 l	Geflügelbrühe (siehe Rezept Seite 165)
3	Thymianzweige
1	Rosmarinzweig
40 g	Butter

Butterschmalz zum Braten
Salz und Pfeffer

Zubereitung:
Die Knochen und Parüren in Butterschmalz im Backofen bei 240 °C Ober-/Unterhitze rundherum braun rösten. Die braunen Knochen und das überschüssige Fett auf ein Sieb gießen. Schalotten, Gemüse (ohne Tomaten), Champignons und Knoblauch im zurückbehaltenen Topf ebenfalls anbraten. Mit Rotwein angießen und einkochen. Knochen, Parüren, Tomaten, Pfefferkörner, Lorbeer, wenig Salz und 1 Prise Zucker dazugeben und, mit Geflügelbrühe aufgegossen, ca. 5 Stunden milde köcheln lassen. Anschließend auf ein feines Sieb gießen und sorgfältig abtropfen lassen. Die Sauce bis zur gewünschten Konsistenz reduzieren, Rosmarin und Thymian auflegen und 15 Minuten ziehen lassen. Die Kräuter herausnehmen und bei Bedarf mit Salz und Pfeffer würzen. Zum Schluss mit Butter und eventuell wenig Rotwein verfeinern.

Sauce Bourride
für 4 Personen

2	Schalotten, geschält und in feine Würfel geschnitten
1	Knoblauchzehe
1	gelbe Paprika, gewaschen, ohne Kernhaus, zerkleinert

5	Safranfäden
1	Spritzer Noilly Prat
1	Spritzer Weißwein
100 ml	Hummer- oder Langustinenfond
300 ml	Muschelsud
50 g	Butter
2	Thymianzweige
3	Blattpetersilienzweige
2	Basilikumzweige

Olivenöl
Meersalz
Cayennepfeffer

Zubereitung:
Schalotten, Knoblauch und Paprika in Olivenöl farblos anschwitzen. Die Safranfäden, in Noilly Prat und Weißwein eingeweicht, dazugeben. Hummerfond und Muschelsud aufgießen und alles in einem Mixer fein zerkleinern. Die Flüssigkeit durch ein feines Sieb gießen und um die Hälfte einkochen. Die Butter unterrühren und die Kräuter auflegen. Die Sauce mit Meersalz und Cayennepfeffer abschmecken und nach 15 Minuten die Kräuter herausnehmen.

Wildsauce
für 500 ml Sauce

2 kg	Wildknochen
1 kg	Wildparüren (Sehnen, Abschnitte etc.)
200 g	Schalotten, geschält und zerkleinert
60 g	Staudensellerie, gewaschen und zerkleinert
60 g	Karotte, gewaschen und zerkleinert
100 g	Champignon- oder Steinpilzabschnitte
4	zerdrückte Knoblauchzehen
100 ml	Rotwein (Burgunder bevorzugt)
5 cl	Madeira
60 g	frische Tomaten, gewaschen und zerkleinert
3	frische Lorbeerblätter
10	zerdrückte Pfefferkörner
8	zerdrückte Wacholderbeeren
25 g	Johannisbeergelee
4 l	Geflügelbrühe
1	Rosmarinzweig
40 g	Butter

Butterschmalz zum Braten
Salz, Pfeffer

Zubereitung:
Die Knochen und Parüren in Butterschmalz im Backofen bei 240 °C Ober-/Unterhitze rundherum braun rösten. Die braunen Knochen mit dem überschüssigen Fett auf ein Sieb gießen. Schalotten, Gemüse (ohne Tomate), Pilze und Knoblauch im zurückbehaltenen Topf ebenfalls anbraten. Mit Rotwein und Madeira angießen und einkochen. Knochen, Parüren, Tomaten, Gewürze, wenig Salz und Johannisbeergelee dazugeben und, mit Geflügelbrühe aufgegossen, ca. 5 Stunden milde köcheln lassen. Anschließend auf ein feines Sieb gießen und sorgfältig abtropfen lassen. Die Sauce bis zur gewünschten Konsistenz reduzieren, Rosmarin auflegen und 15 Minuten ziehen lassen. Den Rosmarin herausnehmen und bei Bedarf mit Salz und Pfeffer würzen. Zum Schluss mit Butter und eventuell wenig Rotwein verfeinern.

Teige

Ausbackteig (Tempurateig)

300 ml	Eiswasser
140 g	gesiebtes Mehl
35 g	Speisestärke
2 TL	Backpulver
30 g	Zucker
1 Pr.	Salz

Zubereitung:
Eiswasser, Mehl, Stärke und Backpulver mit einem Pürierstab zu einem glatten und sämigen Teig verarbeiten. Der Teig sollte erst kurz vor dem Gebrauch hergestellt werden. Je nachdem, für was man den Teig verwendet, sollte man diesen würzen. Jedoch immer mit wenig Salz. Wenn der Ausbackteig für Desserts verwendet werden soll, 30 g Zucker zugeben.

Gesalzener Mürbeteig (Pate Brisée)

200 g	gesiebtes Mehl
130 g	Butter (Zimmertemperatur)
1 TL	Salz
100 ml	Wasser

Zubereitung:
Das Mehl und die Butter mit dem Salz zwischen den Handflächen zu einem bröseligen Teig reiben. Nun die Butter-Mehlbrösel kurz und zügig mit dem Wasser vermengen. Den Teig 2 Stunden ruhen lassen und bei Bedarf 4–5mm dünn ausrollen. Den ausgerollten Teig im vorgeheizten Backofen bei 200 °C Ober-/ Unterhitze saftig, aber nicht speckig backen.

Ravioliteig (Nudelteig)

170 g	Eigelb (von 8–9 Eiern)
1 EL	Olivenöl
1 EL	Wasser
5 g	Salz
250 g	Semola (feiner, italienischer Hartweizengries für Nudeln)

Zubereitung:
Die Eigelbe mit Olivenöl, Wasser und Salz glatt rühren. Eigelb und Weizengrieß in einer Küchenmaschine mit Knethaken etwa 10 Minuten zu einem geschmeidigen Teig kneten. Der fertige Teig darf nicht an den Fingern kleben bleiben. In Klarsichtfolie eingeschlagen, den Teig eine Stunde im Kühlschrank ruhen lassen. Nun den Teig maximal 1 mm dick mit einer Nudelmaschine ausrollen. Beim Ausrollen die Teigplatte, mit Weizengrieß bestäubt, mehrmals zusammenklappen und wieder ausrollen bis zur gewünschten Dicke. Die Teigbahnen auf ein ebenso langes Pergamentpapier legen und darin einrollen. Die Teigrolle in einem Plastikbeutel bis zum Herstellen der Ravioli kühl aufbewahren.

Parmesan-Ravioli-Füllung

100 ml	Milch
50 g	Butter
1	Petersiliezweig, gezupft, gewaschen und fein geschnitten (Stiele aufbewahren)
1	Thymianzweig
1	Knoblauchzehe, in Olivenöl püriert
25 g	gesiebtes Mehl
1	Ei
2	Eigelb
50 g	Blattspinat, geputzt, gewaschen und abgetropft
1	Schalotte, geschält und fein gewürfelt
2	Scheiben geräucherter Bauchspeck, fein gewürfelt
1 g	geriebene Muskatnuss
75 g	frisch geriebener Parmesan
1 EL	weißer Balsamico
3 EL	fein geschnittene Petersilie

Salz und weißer Pfeffer aus der Mühle

Zubereitung:
Die Milch mit 25 g Butter, Petersilienstielen, Thymianzweig und wenig püriertem Knoblauchöl aufkochen. 10 Minuten ziehen lassen und die Stiele herausnehmen. Die Milch nochmals erhitzen, das gesiebte Mehl einstreuen und glatt rühren. Ei und 1 Eigelb verquirlen und unter die heiße Masse rühren. Die Masse 2 Minuten unter ständigem Rühren bei mittlerer Hitze abbinden. Mit einem Küchenmixer den Parmesan glatt untermixen. Spinat, Schalotte und Speck mit der restlichen Butter 2 Minuten bissfest weich dünsten. Mit Salz, Pfeffer und Muskatnuss würzen und, gut ausgedrückt, unter die Parmesanfüllung mengen. Eventuell würzen und mit ein paar Tropfen Balsamico aromatisieren.
Den Ravioliteig in Kreise oder Rechtecke von 7 cm Durchmesser ausstechen, mit Eigelb einpinseln und die Füllung mit einem Löffel mittig aufbringen, zusammenklappen und an den Rändern andrücken. Bei Bedarf die Ravioli in kochendem, gesalzenem Wasser al dente garen und in wenig Butter mit Petersilie glasieren.

Fonds

Fischfond
für 2 l Fond

2 kg	Fischgräten (Butt- oder Seezungengräten bevorzugt), gesäubert und gewässert
5 EL	Olivenöl
150 g	Zwiebel, geschält und zerkleinert
150 g	Fenchel, gewaschen und zerkleinert
150 g	weißer Lauch, gewaschen und zerkleinert
3	vollreife Tomaten
10	zerdrückte Knoblauchzehen
1 EL	Meersalz
10	zerdrückte Pfefferkörner
3	frische Lorbeerblätter
200 ml	Noilly Prat (trockener Wermut)
200 ml	Weißwein
2	Thymianzweige
5	Verveinezweige (Zitroneneisenkraut)

Zubereitung:
Die abgetropften Fischgräten in Olivenöl farblos anschwitzen. Gemüse, Knoblauch, Meersalz und Gewürze zugeben und nochmals anschwitzen. Mit Noilly Prat, Weißwein und kaltem Wasser gerade bedeckt langsam aufkochen. Nach 25 Minuten leichtem Köcheln am Siedepunkt die Kräuter auflegen und 1 Stunde auskühlen lassen. Den lauwarmen Fond durch ein feines Sieb gießen und einmal aufkochen. Den Fischsud bis zum Gebrauch kalt stellen.

Krustentierfond
für 300 ml Fond

2 kg	Krustentierkarkassen (Körper- und Schalenteile, ohne Innereien)
4 EL	Olivenöl
80 g	Butter
5 cl	Madeira
3 cl	Cognac
100 ml	Noilly Prat (trockener Wermut)
100 ml	trockener Weißwein
100 g	Schalotten, geschält und zerkleinert
100 g	weiße Champignons, gewaschen und zerkleinert
100 g	Fenchel, gewaschen und zerkleinert
50 g	Staudensellerie, gewaschen und zerkleinert
50 g	weißer Lauch, gewaschen und zerkleinert
100 g	geschälte Tomaten (Konserve)
100 g	frische Tomaten, gewaschen und zerkleinert
6	zerdrückte Knoblauchzehen
3	frische Lorbeerblätter
10	zerdrückte Pfefferkörner
2	Thymianzweige
3	Blattpetersilienzweige
1	Estragonzweig

Salz, Cayennepfeffer
Limonensaft

Zubereitung:
Die Krustentierkarkassen in einen Gefrierbeutel füllen und verschließen. Mit einem Steakklopfer oder Ähnlichem die Karkassen im Beutel zerkleinern. Die Karkassen aus dem Beutel nehmen, mit Olivenöl und 20 g Butter in einem halbhohen Topf nicht zu heiß anschwitzen, mit

Madeira und Cognac ablöschen und wenig einkochen. Noilly Prat, Weißwein, Gemüse, Knoblauch und Gewürze dazugeben und, mit kaltem Wasser bedeckt, aufkochen. Den Fond 30 Minuten leicht köcheln lassen. Danach auf ein feines Sieb gießen und gut abtropfen lassen.
Den Fond auf 200 ml einkochen, die Kräuterzweige auflegen und 15 Minuten ziehen lassen. Anschließend nach und nach die restliche Butter einrühren und mit Salz, Cayennepfeffer und Limonensaft würzen.

Geflügelbrühe

für 2 l Brühe

1	Suppenhuhn (800–1000 g), ohne Innereien
15 g	Salz
3	frische Lorbeerblätter
15	Pfefferkörner
8	zerdrückte Knoblauchzehen
150 g	Zwiebel, geschält und halbiert
100 g	Lauch, gewaschen und längs halbiert
100 g	gewaschener Sellerie
60 g	Karotte
2	vollreife Tomaten, gewaschen und geviertelt
2	Thymianzweige
2	Petersilienzweige

etwas Liebstöckel

Zubereitung:
Das Suppenhuhn kalt abspülen und, mit Wasser bedeckt und Salz gewürzt, langsam aufkochen. Den sich bildenden, geronnenen Eiweißschaum abschöpfen, Lorbeer, Pfefferkörner und Knoblauch dazugeben und 3 Stunden leicht köcheln lassen. Nach 2 Stunden das Gemüse und die Kräuter auflegen. Die Brühe durch ein feines Sieb gießen und kühl aufbewahren.

Strauchtomatenjus

für 500 ml Jus

150 g	reife, kleine Strauchtomaten oder geschälte Tomaten (Konserve)
1 kg	reife Strauchtomaten
60 g	Schalotten, geschält und zerkleinert
40 g	Staudensellerie, gewaschen und zerkleinert
60 g	Fenchel, gewaschen und zerkleinert
50 g	geräucherter Schweinebauch
5	geschälte, zerkleinerte Knoblauchzehen ohne Trieb
4 EL	Olivenöl
8 cl	Noilly Prat (trockener Wermut)
0,2 l	Geflügelbrühe
10 g	Orangenschalen
1	Stück Sternanis
2	Lorbeerblätter
3	Thymianzweige
3	Basilikumzweige
80 g	Butter

Salz, Zucker
weißer Pfeffer aus der Mühle

Zubereitung:
Die kleinen Tomaten mit einem Messer vom Strunk befreien und in kochendem Wasser 10 Sekunden überbrühen. In Eiswasser abkühlen, die Haut abziehen und vierteln. Das Kernhaus herausschneiden und beim Saucekochen verwenden. Die Tomatenviertel in exakte Würfel zu 5 x 5 mm schneiden und aufbewahren. Die großen Tomaten waschen und vierteln. Die Schalotten, Staudensellerie, Fenchel, Schweinebauch und Knoblauch in Olivenöl farblos andünsten, mit Noilly Prat ablöschen und die geviertelten Tomaten dazugeben. Die Geflügelbrühe aufgießen und aufkochen. Orangenschale, Sternanis, Lorbeerblätter, wenig Salz und Zucker zugeben und 1,5 Stunden langsam köcheln lassen. Die Sauce durch ein Sieb gießen und um 1/3 reduzieren. Die Kräuter auflegen und 15 Minuten ziehen lassen. Nun die Sauce nochmals durch ein Sieb passieren und, mit Butter verfeinert, würzen und abschmecken. In die fertige Sauce die Tomatenwürfel geben.

Desserts

Birnensorbet

4	vollreife Birnen, geschält und ohne Kernhaus
200 ml	Rieslingwein
35 g	Zucker
1/2	Vanilleschote
4 cl	Williams-Christ-Geist
1 kl.	Stangenzimt
2	Sternanis
1	kleines Stück Zitronenschale
100 ml	Champagner

Zubereitung:
Die vollreifen Birnen zerkleinern und mit allen Zutaten außer dem Champagner kurz aufkochen. Die Zitronenschale, Sternanis und Vanilleschote herausnehmen. Den Birnensud fein pürieren und erkalten lassen. Das kalte Püree in eine Eismaschine geben. Kurz bevor es fertig ist, den Champagner darunter gießen und dann fertig frieren.

Haselnusseis

250 g	geriebene Haselnüsse
100 g	Haselnussbrand oder weißer Rum
250 g	Sahne, 33 % Fett
250 ml	Milch, 3,5 % Fett
1	Vanilleschote
75 g	Zucker
6	Eigelb

Zubereitung:
Die geriebenen Haselnüsse in einem Topf langsam hellbraun rösten lassen. Mit dem Haselnussbrand ablöschen und die Sahne, Milch, die Vanilleschote und den Zucker zugeben. Diese Masse aufkochen lassen und unter ständigem Rühren auf die Eier gießen. Zurück in den Topf geben, bei niedriger Temperatur mit einem Gummischaber am Boden entlang streifen, bis die Eimasse leicht eindickt. Die Konsistenz überprüfen Sie am besten, indem Sie etwas Masse auf eine Kochlöffelrundung geben und auf diese blasen. Wenn sich jetzt eine Rose bildet, ist die Masse perfekt und kann zum Abkühlen zurück in die

Schüssel gegeben werden. Die Masse durch ein Sieb gießen und in einer Eismaschine frieren.

Joghurtsorbet

500 g	Joghurt
150 ml	Läuterzucker (siehe Rezept Seite 167)
1	Eiweiß

Saft von 2 Zitronen

Zubereitung:
Alle Zutaten verrühren und in einer Eismaschine cremig frieren.

Karamelleis

150 g	Zucker
250 ml	Sahne
250 ml	Vollmilch
6	Eigelb
5 cl	Calvados

Zubereitung:
Den Zucker dunkelbraun karamellisieren, Sahne und Vollmilch dazugeben und den Karamellansatz auflösen. Die Eigelbe mit Calvados verrühren und die Flüssigkeit darauf gießen. Die Flüssigkeit unter ständigem Rühren am Topfboden nochmals erwärmen, bis eine sämige Konsistenz erreicht ist. Nun die Masse durch ein feines Sieb gießen und in einer Eismaschine cremig frieren.

Lakritzeis

250 ml	Sahne
250 ml	Vollmilch
1/2	Vanilleschote
6	Eigelb
75 g	Zucker
30 g	Süßholzwurzel, getrocknet

Zubereitung:
Sahne, Vollmilch und Vanilleschote aufkochen. Eigelb und Zucker cremig rühren. Die Flüssigkeit in die Eimasse geben und unter ständigem behutsamen Rühren am Topfboden langsam bis zur cremigen Konsistenz erhitzen. Nun die Süßholzwurzel zugeben und zum Auskühlen in eine Schüssel gießen. Nach 1 Stunde die Eismasse durch ein feines Sieb gießen und in einer Eismaschine cremig frieren.

Mandelmousse

50 ml	Vollmilch
40 ml	gesüßte Mandelmilch
1	Eigelb
3 g	Blattgelatine, in kaltem Wasser eingeweicht
25 g	Mandelblättchen
125 g	flüssige Sahne
2	Tropfen Bittermandelaroma
1 Msp.	Vanillemark

Zubereitung:
Milch, Mandelmilch und Eigelb in einer Schüssel im heißen Wasserbad mit einem Schneebesen 6–8 Minuten zu einem cremig-luftigen Sabayon schlagen. Nun das Sabayon in einer Küchenmaschine nochmals 5 Minuten bei erhöhter Geschwindigkeit kalt rühren. Die eingeweichte Gelatine einrühren.
Die Mandeln im Backofen mit Oberhitze/Grillstufe goldbraun rösten und heiß in die Sahne schütten. Bittermandelaroma und Vanillemark dazugeben und nach 30 Minuten durch ein Sieb gießen. Die aromatisierte Sahne halbfest aufschlagen und vorsichtig mit dem Sabayon vermengen. Das Mousse in vorbereitete Ringe füllen und kalt stellen.

Riesling-Auslese-Eis

4	Eigelb
50 g	Zucker
45 g	weiße Schokolade (Kuvertüre)
125 ml	flüssige Sahne
200 ml	Weißwein (Riesling-Auslese fruchtsüß)

Zubereitung:
Eigelb und Zucker cremig rühren. Die weiße Schokolade im Wasserbad flüssig werden lassen. Die Sahne aufkochen und unter die Eigelbmasse rühren. Den Rieslingwein dazugeben und im Wasserbad unter ständigem Rühren am Topfboden erwärmen, bis eine cremige Konsistenz erreicht ist. Die Schüssel aus dem Wasserbad nehmen und die flüssige Schokolade darunter rühren. Die Eimasse durch ein feines Sieb gießen, erkalten lassen und in einer Eismaschine cremig frieren.

Riesling-Sabayon mit Williams Christ

120 ml	Rieslingwein
3	Eigelb
30 g	Zucker
4 cl	Williams-Christ-Geist

Mark einer 1/4 ausgeschabten Vanilleschote

Zubereitung:
Alle Zutaten in einem Sabayonkessel im Wasserbad unter ständigem, gleichmäßigem Schlagen ca. 10 Minuten aufschlagen. Der Sabayon sollte eine luftig-cremige Konsistenz haben und ca. 2 Minuten ohne Wärme aufgeschlagen werden.

Tipp Um dem Sabayon ein vollmundiges Birnenaroma zu geben, kocht man den Riesling am Abend zuvor mit vollreifen Birnenabschnitten auf, lässt ihn über Nacht durchziehen und passiert die Abschnitte bei Bedarf ab.

Verschiedenes

Getrocknete Tomaten

10	vollreife, große Tomaten
2	Thymianzweige
3 EL	Olivenöl

Salz, weißer Pfeffer aus der Mühle

Zubereitung:
Die Tomaten in kochendem Wasser 10 Sekunden überbrühen, in Eiswasser abkühlen und vierteln. Das Kernhaus herausschneiden und anderweitig verwenden (z. B. Tomatensugo). Die Tomaten auf einem mit Pergamentpapier ausgelegten Backblech nebeneinander legen. Die Thymianzweige darauf legen und das Olivenöl darüber träufeln. Mit Salz und Pfeffer würzen und im Backofen bei 50 °C Ober-/Unterhitze und nicht ganz verschlossener Türe ca. 6 Stunden trocknen. Die Tomaten zwischendurch wenden. In einem luftdicht verschlossenen Gefäß im Kühlschrank aufbewahren.

Kabeljaubrandade

60 ml	Sahne
1	Rosmarinzweig
1	Thymianzweig
1	Petersilienzweig
1	kleiner Bund Basilikum
1/2	fein zerdrückte Knoblauchzehe
200 g	gebeiztes Kabeljaufilet
75 g	gekochte, ausgedämpfte, mehlige Kartoffeln
40 ml	Limonen-Olivenöl
20 ml	ligurisches Olivenöl

Meersalz aus der Camargue
Cayennepfeffer
Saft einer Limone

Zubereitung:
Die Sahne mit den Kräutern und der zerdrückten Knoblauchzehe aufkochen und 15 Minuten ziehen lassen. Durch ein Sieb gießen und die Kabeljaustücke in die noch heiße Sahne geben. Die ausgedämpften Kartoffeln zerstampfen und alles zusammen in einer Küchenmaschine kurz zu einem sämigen Püree verarbeiten. Anschließend mit einem Holzlöffel die 2 Olivenölsorten unterrühren. Mit Meersalz, Cayennepfeffer und Limonensaft abschmecken. Die so genannte Brandade am besten in einem Wasserbad abgedeckt bei 60 °C Wassertemperatur warm halten.

Lachsbeize

Auf 1 kg Fisch:

40 g	Zucker
30 g	Salz
10 g	Pökelsalz
90 g	Olivenöl bester Qualität
20 g	Blattpetersilie
15 g	Basilikum
20 g	Dill
10 g	frischer Koriander
1 TL	gehackter Thymian
1/2	fein gehackte Knoblauchzehe
2 g	Wacholderbeeren
2 g	gestoßene Pfefferkörner
2 g	Senfkörner

Saft von 1 Limone

Zubereitung:
Alle Zutaten vermischen. Den Fisch in der Beize ca. 24 Stunden einlegen.

Läuterzucker

1000 g Zucker
500 ml Wasser

Zubereitung:
Zutaten aufkochen, bis die Flüssigkeit klar ist, Schaum abschöpfen und durch ein Sieb gießen und auskühlen lassen.

Markklößchen

3	Eier
100 g	Weißbrot ohne Rinde
100 g	weißes, gewässertes Rindermark
1	Blattpetersilienzeig, gezupft, gewaschen und fein geschnitten

Salz, weißer Pfeffer
frisch geriebene Muskatnuss

Zubereitung:
Eier und Weißbrot vermengen und 2 Stunden abgedeckt stehen lassen. Das Mark zerkleinern und in einem kleinen Topf bei nicht zu starker Hitze langsam köchelnd auslassen. Das Mark durch ein feines Sieb gießen und erkalten lassen. Das kalte Mark mit der Weißbrot-Ei-Masse in einer Küchenmaschine 10 Minuten bei starker Geschwindigkeit aufschlagen. Die Masse anschließend mit Salz, Pfeffer und Muskatnuss würzen. Zum Schluss die Petersilie untermengen und kalt stellen. Die gut durchgekühlte Masse zu Klößchen mit 1,5 cm Durchmesser formen und bis zum Gebrauch gut verschlossen einfrieren. Die Klößchen je nach Bedarf in gesalzenem, leicht köchelndem Wasser 6 Minuten garen.

Trüffeltapenade

1	kleine Schalotte, in feine Würfel geschnitten
200 ml	Traubenkernöl
2 cl	Cognac
6 cl	10 Jahre alter Portwein
100 g	Perigord-Wintertrüffel (Konserve oder frische Ware)
1	Thymianzweig
2 EL	Apfel-Balsamico

Salz, weißer Pfeffer aus der Mühle

Zubereitung:
Die Schalottenwürfel mit wenig Traubenkernöl farblos weich dünsten, mit Cognac und Portwein ablöschen und wenig einkochen. Die Trüffeln in dünne Scheiben hobeln und dazugeben. Den Thymianzweig dazugeben, 2 Minuten anschwitzen und auskühlen lassen. Die erkalteten Trüffel in einem Steinmörser mit dem restlichen Traubenkernöl zu einem feinen Püree zerkleinern. Zum Schluss das Püree mit Apfel-Balsamico, Salz und Pfeffer würzen und kühl aufbewahren.

Tomatensugo

für 250 ml Sugo

8	vollreife, große Strauchtomaten
50 ml	Geflügelbrühe
20 g	Zucker
50 ml	weißer Balsamico
3	Knoblauchzehen
2	frische Lorbeerblätter
20	gestoßene Koriandersamen, getrocknet
1	Orangenschale
1/4	Vanilleschote
1 EL	Kartoffelstärke, mit Wasser angerührt
2	Basilikumzweige
2	Korianderzweige
1	Petersilienzweig
2	Scheiben geräucherter Schweinebauch

Salz, Cayennepfeffer
Limonensaft

Zubereitung:
Die Tomaten mit Geflügelbrühe, wenig Salz und Zucker in einem Mixer pürieren. Das Püree in ein feines Handtuch gießen und, über einer Schüssel aufgehängt, 24 Stunden abtropfen lassen. Den restlichen Zucker hell karamellisieren und mit Balsamico ablöschen. Den Karamellansatz am Topfboden loskochen. 3/4 des Tomatensafts sowie alle Gewürze, Aromaten und den Schweinebauch bis auf die Kräuter dazugeben. Die Flüssigkeit um 50 % einkochen und mit der angerührten Stärke binden. Nun den restlichen Saft sowie die Kräuter zugeben, einmal aufkochen und 15 Minuten auskühlen. Das Sugo durch ein feines Sieb gießen und, mit Salz, Cayennepfeffer und Limonensaft gewürzt, kalt stellen.
Bei Bedarf das Sugo im Verhältnis 1:1 mit frischen, abgezogenen Tomatenfleischwürfeln ohne Kernhaus vollenden.

Bezugsadressen

Asiatische Lebensmittel
Bos Food, Düsseldorf (Meerbusch)
Tel.: 02132-1390

Fleisch und Fisch
Landart, Unterach am Attersee
Tel.: +43-7665-6011

Käse
Tölzer Kasladen GmbH, Bad Tölz
Tel.: 08041-9427

Öle, Essig, Mediterrane Lebensmittel
Tivona Alimenteria, Köln
Tel.: 0221-1395654

Wildkräuter und -salate
Essbare Landschaften, Suderholz
Tel.: 03832-646335

Weintipps
1. Weingut Schloss Proschwitz-Prinz zur Lippe, Meißen (Sachsen/Deutschland)
Tel.: 03521-452096

2. Weingut Dr. Heger, Ihringen (Baden/Deutschland)
Tel.: 07668-205

3. Weinimporte Segnitz
Tel.: 04203-81300

4. Weinart
Tel.: 06722-71080

5. Schlosskellerei Halbturn (Burgenland/Österreich)
Tel.: +43-2172-8594

6. Weinhandelsgesellschaft Stecher & Krahn
Tel.: 0211-491480

7. Weingut Franz Josef Eifel, Trittenheim (Mosel/Deutschland)
Tel.: 06507-70009

8. Weingut August Kesseler, Assmannshausen (Rheingau/Deutschland)
Tel.: 06722-2513

9. Weinimporte Veuve Clicquot, Reims (Champagne/Frankreich)
Tel.: 089-515030

10. Weingut Paulinshof, Kesten (Mosel/Deutschland)
Tel.: 06535-544

11. Wein Wolf Importe
Tel.: 0228-44960

12. Weine Wolfgang Wuttke
Tel.: 0681-700803

13. Weinhandel Thomas Späth
Tel.: 089-344761

14. Weingalerie Essen
Tel.: 0201-4308820

Weingläser aus der Sommelier-Collection „Top Ten" von Schott Zwiesel

In seinen Weintipps, die den meisten Gerichten des Sterne-Kochs Joachim Wissler angefügt sind, stellt der Sommelier des Restaurants „Vendôme", Stefan Weise, die neue Sommelier-Collection von Schott Zwiesel vor.

Von links nach rechts:
- Kräftige Weißweine, Nr. 109 890
- Leichte Weißweine, Nr. 109 891
- Dessertweine, Nr. 109 892
- Kräftige Rotweine, Nr. 109 887
- Leichte Rotweine, Nr. 109 888
- Gereifte Rotweine, Nr. 109 889
- Schaumweine, Nr. 109 893
- Fassgereifte Brände, Nr. 109 895
- Klare Brände, Nr. 109 894
- Wasser, Nr. 109 896

Schott Zwiesel AG
Dr. Schott-Straße 35 • D- 94227 Zwiesel

Wir bedanken uns ...
... ganz besonders bei Elmar Birnbaum, Inhaber van „Plaisir de la Table" Brüssel, wohl einem der besten Gourmet-Lieferanten der Top-Gastronomie. Monsieur Birnbaum hat uns die Reise in die Bretagne organisiert und die Fahrt auf dem Fischerboot *Solo* möglich gemacht.
Plaisir de la Table, Brüssel: 0032-475759935